プチ移住

月2万円で手に入る！

in京都

テイスティ高橋

みらいPUBLISHING

まえがき

私が今借りている賃貸住宅（四階建てビルの三階にある狭いワン・ルームだが）は、京都市右京区の太秦《うずまさ》というところにある。「東映太秦映画村」は全国的に知名度が高いが、そのスグ近くだ。

月に10日間ほど住んでみてよく解ったのは、かなり便利が良い場所だということだった。地図を見ると、太秦は京都のだいぶ西側（洛西という）に寄っているので、洛西の有名観光地「嵯峨・嵐山」には、自宅（我が庵〔いおり〕と称している）から、2つの（A・Bとする）どちらも徒歩約3分のバス停から乗って10分足らずで着いてしまう。では京都の東側（東山地区が有名）に行くには不便かというと、これがやはりAのバス停から乗り換えなしの一本のバスで行けてしまう。有名な「哲学の道」へもこれ一本に乗るだけ。

京都市中心部の繁華街は「四条烏丸」から「四条・三条河原町」付近だが、ここへもA・Bのバス停から乗り換え無しの一本のバスで行けてしまう。東山も中心部も混んでいなければ25分ほどで着いてしまう（運賃は均一運賃区間内なら一律230円、1日乗車券は700円）。

近くには、バスだけでなく「JR嵯峨野線（山陰本線）」や「嵐電（京福電気鉄道）」の駅（太秦駅、花園駅、常盤駅、太秦広隆寺駅）もある。新幹線も通る京都駅へは、嵯峨野線に乗れば、わずか15分程度である。

周囲には交通機関を使わずに、歩いて行ける有名寺院も多い。国宝や重要文化財が45件もあり京都最古とされる寺院「広隆寺」、塔頭寺院が46もある巨大な「妙心寺」、蓮や桜の名所「法金剛院」の他、故エリザベス女王も訪れた「石庭」で有名な「龍安寺」や「仁和寺」は「古都京都の文化財」の構成資産として世界遺産に登録されている。

近くの商業施設もスーパー（徒歩約3分に2つ）・コンビニ・飲食店・ドラッグストア・古本屋・電器店・病院など居住するにまったく困ることはない。

自宅のある横浜市は、東京都に次ぐ日本で2番目に大きな都市だが、大き過ぎて逆に時間が掛かってしまうことも少なくない。「住めばみやこ（文字通り京だが）」ということで、多少、贔屓目もあるかもしれないが、太秦はとくに欠点が見つからないのだ。

太秦は古くは嵯峨野の一部で、「嵯峨生まれ」を強く意識される、テレビでよく見掛ける有名人もいらっしゃるが、我々外来者にとっては太秦もみやこの一部である。

こんな利便性の良い住まいの家賃が8年間月額2万円（他に水道料金2千円・管理費千円）である。トイレ・バスや家電（エアコン・冷蔵庫・ＩＨレンジ）が備え付けなのでこの値段だが、これらが付いて無ければ近くには家賃1万2千円くらいからある（トイレ・バスは共用）。

世の中「調べてみる」もんだし、「やってみる（住んでみる）」もんだ。直前まで不安は大きかったが、少しの勇気と実行力を出すことで、後日「やってみて良かった」と思った。

書店に行くと、様々な京都のガイド・ブックが入口付近に置いてあるが、本書に書かれているようなことが載っている類書はまず見掛けない。

本書が「京都との新しい接し方」に役立てていただけるなら、著者としては、たいへん嬉しく思うところです。

また、最近の—長い老後—の過ごし方の一環として、さらにはもっと若い方々の将来の過ごし方の参考になるなら望外の幸せに思います。

プロローグ

人生１００年時代の老後

現在40歳以上の方の多くは「自分の老後はどうなるのだろう？」と、気になっているのではないでしょうか。

昨今の我が国の状況を眺めると、かなり厳しい未来が待っていると予想されています。そうは言っても、できるだけ楽しく充実した老後を送りたいと思うのは人情で、それを目標として人生設計を立てている方も多いと思います。

また、現在60歳を超え定年退職も近い（長い間お疲れ様です）人生100年時代の老後をどう過ごそうかと考えている方もいらっしゃるでしょう。

そのような方々のために、少しでも参考になりますよう、筆者の体験をお話したいと考えております。

京都に住みたい

筆者は若いころから京都が好きで、よく旅行していました。
それが高じて60歳になる頃、できれば京都で暮らしてみたいと思うようになりました。

でも移住（転居）するのはタイヘン

今の生活環境から切り離されるのもかなり辛い

プチ移住なら、もっと気軽！

月に10日ほど「短期滞在」できないものか？
しかもできるだけ安い滞在費・交通費でできないか？
これを「プチ移住」と呼びたい！

そしてプチ移住に成功！

平均的な年金収入があれば可能
（※手取り額　夫婦23万円　独身15万円）

プチ移住とはどうすれば良いのか？

最も有利な方法は安い賃貸物件
移動には高速昼行バスが格安

プチ移住の最大メリット

（京都では意外に難しい）

好きな時に好きなだけ滞在可能
一年中同額の安い宿泊費

最近「人生100年時代」と盛んに言われています。「京都で暮らす」ことは老後の一時期を楽しく有意義に過ごせるのではと考えます。「そんなおカネはないよ」と嘆くあなた。平均的年金収入があれば可能です。実際に現在（70歳）筆者が体験中です。

その体験談をお話ししながら、体験から得られた実際に役に立つ「プチ移住を実現する方法」、「プチ移住の楽しみ方」などの情報・ノウハウをお伝えしたいと思います。

目次

第3章 プチ移住ならではの楽しみ方 130

第1章　プチ移住を始めるまで（プチ移住の方法）

はじめに

まずは恐縮ですが、筆者のこれまでの人生を簡単に紹介させていただきたいと思います（なお、この項はほとんど自分史なので、先を急ぎたい方は次の「まずは情報収集SNSを使う」に進まれてもけっこうです）。

小学生の頃から日本史が好きでした。
日本の確実で詳しい記録が残るのは第26代天皇の「継体天皇（在位西暦５０７年から５３１年）」の時代頃から以後のことになります。それから現在まで、ざっと１５００年、そのうち3分の2の約１０００年間（一応、西暦７９４年から１８６９年までの１０７５年間）、日本の首都は京都でした。ですから、日本史の本など読んでいると、やたらに「京都」という地名が出てくるのです。なので実際に行ったことはなくても、いつしか自分の中では馴染み深い場所となっておりました。とくに、藤原道長、源義経、足利尊氏、織田信長、豊臣秀吉、坂本龍馬……など、歴史上の有名人達が京都を舞台に縦横無尽に活躍するエピソードを知るにつれ、京都は、筆者にとって「とても惹かれる地」になったのでした。

筆者の「京都好き」の主な理由が「日本史好き」にあったことは確かなのですが、それとは別に、京都に多くある枯山水庭園や池泉式庭園に魅了されていたこともあります。庭に佇《たたず》んでいるとなぜかとても心が落ち着くのです。

さらに祖母方の先祖が代々、宮大工の棟梁でした。曾祖父だか高祖父だかが、早稲田大学の最初の校舎を造ったのだという伝承が残されており、そういう家に育ったからでしょうか、祖母は神社仏閣巡りが好きで、幼い頃、よくお供をさせられていたので、古建築にも親しんでいました。

横浜に生まれ、それまで首都圏から出たことがなかった筆者なので、中学3年時の修学旅行で生まれて初めて京都に行った時は、たいへん嬉しく興奮したことを今でも覚えています。しかも私立校だったので、公立中学の修学旅行より長い時間（確か3日間）、京都に滞在することができて、とても印象深く心に残りました。後年、現在のように、京都と二重生活をするようになったのも、この時の観光が大きく影響しているのではと感じます。

さて、さらに長じて、大学は東京、就職は神奈川県内の公共団体の職員と、相変わらず関東地方から出ることは稀でしたが、暇をみつけては、よく数泊の京都観光をしていました。また、同級生の親友が、長い年月、大阪に転勤していたので、毎年のように彼の会社の寮に数日間滞在し、京都を始め周辺をあちこちと訪れていたものでした。

その間、特筆することもなく、ごく普通のサラリーマン生活を送っていたのですが、長くＩＴ担当だったことから、40代も終わり頃、好チャンスに恵まれコンピュータＳＥとして転職したのでした。この仕事は、自分に合っていて、しかも平成12年（2000年）には、すでに在宅ワークをしていました。

仕事は面白かったのですが、在宅ワークはとかく時間管理が杜撰になりやすく、面白い分、のめり込み過ぎて（自ら進んで？）過労状態になってしまい、とうとう2005

年、53歳の時、心筋梗塞を起こし救急搬送、一時は死の淵をさ迷ったのでした。2か月近く入院（その間、2回ＩＣＵに入る）した後、仕事に復帰しましたが、あまり無理もできなくなり、２００7年、55歳の時、リタイアしました。

その後、5年間は貯金を切り崩すことと、時折ある単発仕事で乗り切りました（比較的高収入を得ていたので、何とかなった）。

２０１2年、60歳になり、年金の一部支給（報酬比例部分）が始まりました（手取り月額10万円ほど）。その頃から、長い間、馴れ親しんできた日本史、そしてその中心である京都を「もっと知りたい・極めたい」という思いが沸き上がってきたのでした。

そして、61歳の終わり頃から市内の安い賃貸の部屋を借り、京都とのデュアルライフ（二拠点生活）にチャレンジ、70歳に至った現在も続けております。

しかし、転居・移住までは考えませんでした。それは現住地域と結び付いた関係がたくさん存在していて、それらを簡単に断ち切ることができなかったからです。

どういうことかと言うと、まず、２０１1年に父親が亡くなってしばらくしてから、実家で一人暮らししていた母親（当時84歳）の腰痛が悪化し、ひとりで家事をこなすのが難しくなったのです。

母は身内以外の援助を好まず、そのため母の家事支援をする必要が生じ、筆者が金曜日の午後・土・日・月曜日の午前、既婚の妹が水曜日、その他の日は、不本意ながら近所のデイ・サービスセンターに通ってもらうことにしました。

そうすると、月に10日から12日間在京しようとすると、どうやっても月に1回だけは、週末、実家に行くことは不可能になります。それで月に1回、妹に週末を替わってもらったのでした。これは妹に感謝しています。ですから日数計算すると、1か月のうち自宅で約10日間、京都で約10日間、実家で約10日間過ごすという妙な生活になったのでした。

その後、母は認知症的症状も現れ、定期的に病院に通うことになり、筆者が病院に連れて行くことになりました（妹は腰痛治療の病院へ）。さらにその後、母は２０２０年4月にグループ・ホームに入所し直接的な負担はなくなりました。

自分自身のこともありました。

心筋梗塞で救急搬送され危うく一命を取り留めた病院は、心臓病の専門病院でしたし、何より発症時の状態を看ているので、現在も通院しており、心情的にも転院は考えられませんでした（何しろ累積8年間のカルテは貴重）。

ただ、担当医師からは、心筋梗塞のリハビリテーションとして有酸素運動であるウォーキングを勧められていて、その点、京都は大げさに言えば１００メートルおきくらいに名所旧跡があるので、我知らず次から次へと楽しく歩けてしまい、ウォーキングに最適と言えます。筆者は「洛中洛外徘徊師」を自称しているのですが、文字通り徘徊していうちに、以前より心臓の調子が良くなったと感じております。

また、横浜に暮らす昔からの友人達との交際も盛んに行っていました。

このように、多くの人は多かれ少なかれ何らかの様々な事情を抱えていて、そう簡単に移住などできないのではないでしょうか。移住ということになると、たいていの人は一大決心を迫られるのではないかと思うのです。

しかし「本格移住までは無理、したくない」。でも「プチ移住は、できるのならしてみたい」という人も、また多いのではないかと思うのです。

今考えれば、筆者のような状況にあっても、工夫次第で何とか己れの夢を実現させることも不可能ではないと改めて思うのです。


コロナ禍が続く毎日ですが、ひと頃よりは状況が好転してきました。さらに近いうちに、もっと好転すると信じております。

読者の皆様方のご参考になりますよう、どのように調査し行動して京都に住まいを持ったのか、横浜と京都とのデュアルライフを始めるための詳しいノウハウ、デュアルライフの醍醐味・楽しみ方などをお伝えしたいと思います。

なお筆者は現在、独身ですが、ご夫婦の場合であっても（お互い同意すれば）、本書に記載されている内容はほとんど適用できると考えます。

まずは情報収集 SNSを使う

実際にプチ移住に向けて動き出したのは、2013年の春、61歳になった頃でした。なぜこの時だったのかというと、根っこには「はじめに」に書いたようなベースがあったのですが、直接のきっかけとしては、この前年12月に安倍晋三さんが首相に就任し「アベノミクス相場」が始まり、以前から少量所有していた株式が値上がりし、少しの資金ができたことにありました。ですから最初は、このお金で、京都に400万円以下の古くて狭いワンルームマンションでも一括で買えないものだろうかと、ちょっと考えたのでした。ただ、購入はできても往復の交通費や光熱費・水道費・管理費などのランニング・コストは、この時の少ない月収で負担可能なのかどうか調べてみないと何とも判断できなかったので、当初は、ものすごく強い願望というほどではありませんでした。

それで一番最初に何をしたかというと、SNSのmixi（ミクシィ）内にある「中高年のための京都」というコミュニティ（同好会に相当）に入会（参加）したのです。

このコミュニティは、中年以上の京都が好きな人達が、京都について意見交換したり、情報を発信・共有したりと、インターネット上で交流する場となっています。

ここでは主に、自分が目指しているような短期滞在者は居ないものかと思って入会したのです。居れば、いろいろな情報・ノウハウを得ることができます。ところが、ときどき、京都に数泊する旅行者、つまり観光客がほとんどで、あとは、京都に生まれ育ち住んでいる人（以下、京都人と言う）ではない外来居住者などで構成されている印象でした。

しかし、mixiではブログのような日記が書ける機能もあり、「京日記」というタイトルで、思ったこと、考えたこと、見聞レポートなどを公開し、盛んに発信していたら、多くの友人を作ることができました（この京日記は、現在まで途切れることなく750回を超えて続いています）。公開するだけでなく、それを読んだ人からコメントももらえ、そのコメントに返信もでき、交流が深まっていきます。とくに親しくなった会員とは、「マイミク」という友達関係を結ぶことができます（My「私」のミクシィという意味）。

マイミクさんの中には、

・夫に先立たれ、あこがれていた京都に、実家のある大阪府から転居したシングルマザー
・愛知県から京都中心部の２ＬＤＫのマンションを半年間だけ借りて住んでいた現役の主婦

・京都に生まれ育って、成人後は、東京に暮らし、中年になって京都にリターンした女性
・自宅と職場が兵庫県尼崎市にあり、頻繁に京都を訪れている介護士の女性など、現在、60名を超えるマイミクさんがいらっしゃいます。

今、最も親しくしているマイミクさんは関東地方の某県出身で、京都好きが高じて京都駅近くに2LDKのマンションを購入、完全移住してしまったSさんで、祇園祭の山鉾K山の作事方（山鉾を組み立てる役）をしています（他府県人でも祇園祭の主催者側になれます）。彼とは、よく連れだって諸方を訪れています。これら親しくなったマイミクの方々とは、現在に至るも折に触れ、集まって観光したりしています。

実は、この段階から「友人や仲間を作っておく」ことが、プチ移住にとっていかに重要か、後で詳しく述べたいと思います。

ちなみに数年後、このコミュニティを立ち上げられた京都人の管理人（会長に相当）で、京都観光ガイドもされているSさんからお声が掛かり、副管理人となりました（現在も）。

似たようなコミュニティは、「中高年のための京都」以外に幾つもあり、入会は無料ですから5つほど入って覗いてみましたが、mixiコミュニティ上で「自分が目指しているような短期滞在者、つまりプチ移住者が見つからなかった」というのはやや意外でし

でしょうが……)。

た。そういう人はたくさん居るのだろうと思っていたのです(どこかに何人かは居るの

また、書籍にも当たってみました。

すると、自分が目指しているプチ移住とはかなり違っているものの、多少近い題材を扱っている本が見つかりました。それは、東京に住む人気ライター「永江朗」さん著の『そうだ、京都に住もう』でした。永江さん夫妻は、京都市街地の古い町家を購入、リノベーションして、その家で何日か過ごしては、また東京の自宅に戻るという生活をされているの ですが、あまり参考にはなりませんでした(この本を書く参考にはなりました)。というのも、リノベーションが完成してからの、居住を開始した京都でのデュアルライフの楽しさは、自分にもできそうなことが多く十分共感できるのですが、古い町家探しや、交渉・購入、改築 作業の詳しい様子などに多くの頁を割いており、古町家の購入・リノベーションなど高額過ぎて自分には縁遠い話だったからでした。

今に至るも、京都で自分が目指しているようなデュアルライフをしている人の実録本は見たことがありません(だから自分が書きたいという気持ちにもなった訳です)。

【ポイント】

・プチ移住する前から、SNSで情報を収集し、友人や仲間を作っておくと良い

・会員には女性が多く、いわゆる京都人はあまり居ない
・プチ移住者は見つけることができなかった

様々な居住方法の調査・検討

ホテルや旅館などの各種宿泊施設に泊まる以外、滞在する方法には、どんな形態があるのか、インターネットや書籍で片っ端から調べました。その結果、誰でも利用可能な、主な方法としては下記があります。

①分譲マンションや戸建て住宅を購入する
②賃貸マンションや民家、民間アパートを借りる
③ウィークリー・マンションを利用する
④シェア・ハウス、ルームシェアに入る
⑤ゲストハウスに泊まる

以上を2013年の春から秋に掛けて、各々、詳しく調査検討していきました（なお、この項の記述はとくに断らない限り、2013年中の調査結果を元にしていますが、現

在でもあまり変わっていないようです)。

①分譲マンションや戸建て住宅を購入する

これは何も京都に限らず、日本全国、どこでもそうですが、「60歳以上の高齢者は、賃貸住宅を借りづらい」というのが、世の「通り相場」となっています。高齢者は健康を害しやすく、事故や孤独死のリスクが避けられません。入居時には元気だとしても、その後、体調が急に悪化することも予想されるため、入居を断られる傾向にあります。とくに「独居老人」と呼ばれる一人暮らしの高齢者の場合は、急変の際、発見が遅れやすいため、入居が難しい場合が多いです。また一般的に、高齢者は収入が少なく、貸主(大家さん)としては、金銭面での不安もあります。

そして筆者の場合、さらなる不利な条件があります。このような一般的な賃貸住宅は「常住する」のが前提というか普通ですが、こちらは1か月のうち最長でも半分ほどしか居住しない予定です。そして居住していない半月は約500キロメートルも遠方に居るのです。貸主(大家さん)としては、保安上、大いに不安になると考えられます。

京都は大学が多いので、北海道や九州から来て賃貸住宅を借りて住んでいる学生も多数いますが、その人達は常住しています。「別荘」「セカンド・ハウス」のような使用は、はなから想定していないでしょう。

当時、筆者は61歳と6か月ほどでした。賃貸住宅を借りるのは到底無理であろうと考え、また前述したように、少資金を得たこともあり、当初は安価な中古分譲住宅（主にワンルーム・マンション）の購入を考えました。言うまでもなく、「物を買う」のですから購入資金さえあれば、年齢制限などありません。ただ、購入目的や年齢からすると、公的ローンや銀行ローンは、まず利用困難で、購入金額を全額一括で用意する必要があります。

インターネットでいろいろ調べたところ、京都市の中心部に築25年400万円で6畳間ほどの中古ワンルーム・マンションを見つけました。

一般的に京都の中心部とは、南北は「五条通」と「御池通」、東西は「河原町通」と「堀川通」の間に挟まれた（地図上で、田の字の形をしているので）通称「田の字地区」を指します。見つけた物件は、田の字地区の中の「三条通」と「西洞院通」の交差点付近でした。この物件は9月、実際に仲介不動産屋に行き、実地検分もしました。見に行ってみると、この400万円の物件は、いわゆる「客寄せ物件」で、同じ建物の別の450万円の部屋を勧められました。しかし、観光目的で考えれば、居住地として申し分ありません。地下鉄の駅に近く、どこに行くにも便利。とくに京都の代表的な祭礼「祇園祭」の主催地「山鉾町」にも隣接しています。

これを第一候補として、その他に、京都駅にも近い「東福寺」駅から徒歩5分の300万円台の中古ワンルーム・マンション、さらには、中心地からはかなり西北部になりますが、嵐電（京福電気鉄道）「等持院」駅前の250万円、築40年の2階建て木造建築のワンルーム、などを購入候補として検討しました。この等持院駅前の物件など、一見不便そうですが「金閣寺、龍安寺、仁和寺、北野天満宮（前3寺は世界遺産）」など京都の有名寺社にも近く、なんと言っても駅前です。

なお、これは本来の目的からは外れますが、不動産を所有するわけですから、いわゆる固定資産を持つことにもなります。前記、第一候補の物件は、数年後には値上がりしていました（現在はコロナ禍で、値下がりしている）。

しかし、結果的に購入については、すべて「ご破算」、つまりやめたのでした！

なぜなら、やはり大金を一度に投じることに躊躇したことと、後日、比較的簡単に（と言っても、多少の紆余曲折はありましたが）家賃が安い賃貸物件を借りることができたからです。

【ポイント】

・60歳以上の高齢者は、賃貸住宅を借りづらい

- 常住しない遠方の住人は、さらに賃貸住宅を借りづらい
- それでも家賃が安い賃貸物件を借りることができた

②賃貸マンションや民家、民間アパートを借りる

現在、筆者はこの方法で京都とデュアルライフをしております。8年前の入居時から現在まで、家賃は水道料と管理費込月額2万3千円で変更なし。部屋は狭いですが、バス・トイレにキッチン・ＩＨレンジ・エアコン・小型冷蔵庫付き、壁面全白壁紙で、今でも清潔感を保っています。

このような意外に安い京都の賃貸物件については、後で詳しく解説するとして、この方法での大きな障害と言えるのは、まとまったお金は必要ありませんが、前項でも述べましたように「年齢による制限」や「常住しないセカンド・ハウス的使用」です。

しかし、結論を先に言ってしまうと……実際に、不動産屋さんに行って、賃貸物件の見学から貸借契約の交渉をしている最中に、年齢および年齢に関連する話題が出たことはありませんでした。

横浜の某駅前で不動産屋をしている知人に、我が国の不動産事情を聞きに行ったことがあるのですが、一度、賃貸契約を結び入居して、家賃の滞納など一度もしなけれ

ば、また、何らかのトラブルを起こさない限り、75歳くらいまでは賃貸契約は更新（ほとんどの賃貸物件は2年ごとに契約の更新があります）されているのが実態、とのことでした（すべてがそうとは限らないが）。筆者の場合も、満61歳9か月で入居して、現在、満70歳になるまで、この間4回更新しましたが、一度も年齢のことで何か言われた記憶はありません。そうは言っても、賃貸物件を探している間くらいは、あまりに老けて、あるいは病気がちに見られないよう、留意するに越したことはないと思います。

「常住しないセカンド・ハウス的居住」については、3軒の不動産屋さんに「京都の文化や歴史を研究するため、京都に部屋を借りたい」という理由で交渉しましたが、これも「そうですか」程度の反応だったので、拍子抜けしたほどでした。

むしろこれらより面倒なのは「連帯保証人」を求められることではないでしょうか？最近、大都市などでは連帯保証人を立てなくてもよい賃貸物件が増えていますが、京都ではまだまだ、その数は少ないようです。いよいよ契約する段になって、連帯保証人の欄が2名分ある契約書を見せられると、正直、焦ります（1名だけでも良いのだが）。

借金の連帯保証人になるのに比べれば、その連帯責任は軽いものの、やはりある程度の連帯責任が発生します。従って、なかなか見つからない場合もあり、実際、前記のマイミクＳさんは、条件に合う連帯保証人が見つからず、賃貸物件から中古分譲マンションの購入に切り替えたとのことです。

幸い、筆者は古くからの友人（同期生）がなってくれたので現在の状態があるわけですが、この友人には自主的に（自分から申し出て）保証金として、ある程度の金額を預けるようにしました。「預けるようにしました」と過去形なのは、累計４回の契約更新のうち、なんと３回目以降、連帯保証人を立てなくてよくなったからです（もちろんそれ以後、友人から保証金は返してもらいました）。これは48か月間、一度の滞納もなく、また期限内（毎月25日）に、家賃を納めてきた結果（筆者にとっては成果かも）だと思われます。

歴史を紐解けば、京都は過去千年の間に何度も「外来者」に蹂躙、もしくは支配者として居座られてきているので（典型例は木曽義仲）、今でも「外来者を容易に信用しないところがある」と一般的には言われていますが、信用が得られれば、それなりに優遇してもらえることが判り、京都人に「信用できる人」と認めてもらえたようで、何やら嬉しかったことを思い出します。

保証金というのは、何もなければ将来、全額戻ってくるお金です。貯金していてもほとんど利息も付かない時代なので、心理的にも現実的にも、まったく負担にはなりませんでした。万が一、このお金を使うような事態が発生したとしたら、それは自分が負担するのと同じことです。

最も多い（といっても滅多にあり得ないですが）連帯責任というと、借り主が家賃を滞納してしまった場合でしょうか？（火災発生の場合は、強制加入の火災保険が適用される）。

連帯保証人の問題は、このように自分の老後資金（貯金）のごく一部を保証金として拠出するようにすれば、なってくださる人もけっこう居るのではないかと考えます。金額としては50万～１００万円が妥当かと考えます。賃貸期間を通して何事もなければ、保証金は全額返済される旨の契約書も取り交わしておけばベターかと思います（筆者もそうしました）。それから（後で詳しくお話しますが）これは賃貸契約が成立しなかった物件ですが、「連帯保証人は、自分の母親でもよい」と言われた物件もありました。

なお、どのくらいプチ移住を続けたらベターなのかについては、後で詳しく述べたいと思います。

【ポイント】

- **不動産屋では、年齢についてとくに話題にならなかった**
- **「常住しないセカンド・ハウス的居住」についても同様だった**

・何も問題を起こさねば75歳くらいまで、賃貸契約は更新可能とのこと
・連帯保証人探しが一苦労だった
・3回目の更新から連帯保証人が必要なくなった

③ウィークリー・マンションを利用する

ウィークリー・マンションは、家具・各種家電・食器などが備え付けられており、着る物を持って行く程度で、すぐに生活が始められます。月に2週間程度の短期滞在なら、ウィークリー・マンションが最適では、と、多くの方が考えると思います。筆者も、漠然とそんなことを思っていました。賃貸物件との差は、ほとんど無いのではないかという先入観がありました。

しかし調査してみたところ、仮に半月（連続2週間）を毎月連続借りるとすると、1日当たりの経費が賃貸物件よりかなり割高になることが判りました。

2013年当時、このような契約は基本的にできなかったので、毎月、新たな物件（その時、空いている物件）を探さなければならないことになります。つまり毎月新規契約ということになり、その度に家賃の他に初期費用として、鍵交換代、清掃料、食器・寝具などのレンタル代、事務手数料（仲介手数料）、また、日額費用として、水道

光熱費、インターネット使用料、保証料、管理費として、2、3万円くらいは上乗せされます。

【ポイント】

・ウィークリー・マンションでは、プチ移住のような契約は毎月新規契約になる

・新規契約ごとに、初期費用、日額費用を支払う

④シェア・ハウス、ルームシェアに入る

シェアハウスとは、

――一つの住居に複数人が共同で暮らす賃貸物件を指す和製英語。一般的にはキッチンやリビング、バスルームなどを共同で使用し、プライバシー空間として個室を利用する。

大抵のシェアハウスは、以前は寮やマンション、一般の民家等であった建物を転用して運営されている。入居者は基本的にそれぞれのプライベートな居室で生活し、リビング、キッチン、トイレ、風呂、洗濯機などといった設備だけを共用する。

Wikipedia「シェアハウス」より――

このシェアハウスとほぼ同じ居住形態に「ルームシェア」があります。シェアハウスとルームシェアの一番の違いは、運営会社や管理会社が介在するかどうかです。シェアハウスでは運営会社や管理会社が介在しません。ルームシェアでは運営会社や管理会社が介在しません。あくまでも同居者間で利用や清掃のルールを決め、維持していく方式です。一言で言うなら、ルームシェアは「事業者非介在型シェアハウス」と言えます。

今まで「住居=不動産屋」でしか考えていなかったところ、mixiの「中高年のための京都」に参加され、筆者の京日記をいつも読んで下さっていた方からのコメントで、「ルームシェア」を再認識することになりました。

ルームシェアは、基本的に相対取引で不動産屋さんが介在しないので、仲介手数料は無し。敷金、礼金、保証人（替わりに身分証明書提示も多い）は、取ったり取らなかったり（取らないほうがやや多い）で、下記のルームシェア・サイト（http://www.rmcafe.jp/index.html）などで「貸したい人が物件を」「借りたい人が条件を」それぞれ掲示板に掲載し、相手を見つける仕組みになっています。

最近、日本でも普及が進んできているようです。月額家賃＋諸経費で3万円弱からが一般的で、借主に女性限定を求める例が多く、60歳以上ですと申し込み自体を断られる例が多いです（後述のように筆者もそうだったのかも）。

ところで以前、関東以外で放送されているのか知りませんが、毎週木曜日、テレビ朝日で「新・京都迷宮案内」という京都を舞台としたミステリー・ドラマをときどきやっていました（今はやっていません）。このドラマでは、主人公である東京人「橋爪功」扮する京都日報記者「杉浦恭介」と、「北村総一朗」扮する京都府警「大洞浩次郎」が、京都人「市田ひろみ」扮する女将の経営する下宿「田舎亭」の2階廊下向かい合わせの1室ずつを借りて住んでいる設定になっています。筆者は、京都のあちこちが出てくるこのドラマが好きでよく見ていたのですが、調べてみると、ルームシェアの中には、これとよく似た物件がいくつかあるのです（ただし、下宿屋ではないので食事、いわゆる「賄い」は付かない）。「杉浦恭介」的暮らしにも憧れていたので、さっそく、右京区の庭が広く古い和風建築の物件（家賃は安い）の大家さんに打診（問合せメール）してみました。その他、おもしろそうな物件がたくさんあり、さらに2つのルームシェアに申し込みました。

しかし、合計3件とも何の返信もありません。まるで、筆者の申込メールは、壁に吸い込まれていってしまったかのようです。一応、問い合わせのメールも送ってみましたが、これも「なしのつぶて」。

どうしてなのか考えたり、大家をしている友人に話してみたところ、「無職」「低所得」

「老人（自分ではそう思ってないが）」が大きく影響しているのではないかとの見解でした。（さらに言えば、老人でも「遠方の老人」は、なおさら好ましくないのではないか？）。結局、この方法は縁がなかったものと、諦めました。

最近は「高齢者向けシェアハウス」という施設が普及してきたようですが、ほとんどの利用料金は月額5万円以上で、２０１３年当時は、今ほど一般的ではありませんでした。

【ポイント】

・ルームシェアでは、女性の借主を望むことが多い

・高齢者が入居可能で安価なルームシェアは、ほとんど無い

⑤ゲストハウスに泊まる

ゲストハウスとは

――世界の旅行者の間では、比較的安価な料金で利用出来る、バックパッカーの利用などに主眼を置いた安価な宿泊施設を指して使われることが多い。それらは、ホテルとは違い、部屋によってはトイレ、バスルームがない場合もあり、共用のものを利用する。

月単位の料金設定をしているところもあり、そこではアパートのように長期滞在も可能である。　Wikipedia「ゲストハウス」より――

京都には、ゲストハウスのうち「簡易宿所型」と呼ばれる施設が多く存在しています。ここは「ドミトリー」と称する相部屋が設けられているのが特徴で、たいへん安い宿泊費で、長期連泊も可能です。筆者の年代の男女が若い頃よく利用した「ユースホステル」に似ていると言っても良いかもしれません。

左記は、京都市区部郊外の、とある簡易宿所型ゲストハウスの価格表です。

２０２２年４月現在：素泊まり、自炊、長期滞在可
個　室：３泊６５００円、１週間１３５００円、１か月３６０００円
相部屋：３泊４５００円、１か月２５０００円等
設　備：トイレ、シャワー、台所、居間等共用

ドミトリーの場合、確かに安いですが、プライベート空間が無いのが最大の難点かもしれません。

また、個室の一週間１３５００円というのは魅力的ですが、翌月も、あるいは自分が利用したい期間、空いているかどうかは、その時次第になります。

つまり、これはウィークリー・マンションについても同じことが言えますが、自分の都合の良い時に、滞在したい日数だけ利用できるかどうかは、つねに不安定ということになります。とくに、京都の観光シーズン（年末年始、桜・紅葉時期、京都三大祭前後、ゴールデンウィーク、など）には、利用希望客が増えるので、希望通りの滞在は難しくなります（場合によっては部屋の取り合いになる）。

トイレ、シャワー、キッチンなどが共用なのも気になります。

この方法も、かなり安い賃貸物件が見つかったので、採用しませんでした。

しかし、もしオーナーさんと協議の上、自分の都合の良い時、しかも希望する期間、部屋を確保できるなら、この簡易宿所型ゲストハウスを選択しても悪くないと思います。

【ポイント】

・簡易宿所型ゲストハウスはプチ移住するのに、条件的には悪くない
・個室を都合の良い時・望む期間に、いつでも予約が取れるならプチ移住可能

プチ移住の試行

以上、いろいろ調べるうちに、実際に10日間ほど京都で過ごしてみようかと考えるようになりました。

今まで、1回4日間以内のいわゆる観光旅行をしたことは、数え切れないほどありました。しかし、こんなに長期間、京都を旅行したことはありませんでした。10日間も居るということは「短日旅行」とどう違うのだろう。たぶん「旅行」と「滞在」は、心理的にも現実的にもいろいろな違いがあるのだろう。ひょっとしたら飽きてしまい、これから連続して短期滞在を始めようとする気持ちも変わってしまうかもしれないとか、さまざまに思ったのでした。

祇園祭山鉾巡行の頃、10日間ほど京都に滞在（以後「在京」という）し、その際、できれば現地不動産屋さんを訪ねてみようかとも考えましたが、よんどころない都合により、6月24日から7月4日まで10泊11日、在京することに決めました。


さて、そう計画を立てますと、準備しなければいけないことがどっと沸き上がってきました。これが、実に瑣末なことばかりで笑ってしまうのですが……かといって、一人暮らしなので放ってもおけません。
①大体、毎週末、母親の生活援助のため実家に行くが、これをどうするか。
②防犯対策をどうするか（とりあえず、留守宅の室内のパソコン・カメラ映像を京都

のパソコンから見えるようにしたい）。
③観葉植物など植木の水やりをどうするか。
④飼っている熱帯魚のエサやりをどうするか。
⑤不在中に回覧板が回ってきたらどうするか。
⑥取っている新聞は、この際、インターネット版に変更しようか（日本中どこでも見られる）などです。

①は1週だけ抜かす。必要ある場合は妹に頼む。
③は自動給水装置（千円程度）をセットする。
④は自動エサやり機（数千円程度）をセットする。
⑤は隣家に不在を話す。
一番、手間が掛かったのは②でしたが、経費を掛けず手持ちの機器で、なんとかなりました。

これらは今回だけなら、誰かに頼めば済むことですが、もし毎月のように月10日間、京都にステイするということになったら、真面目に考えざるを得ない問題ではあります。いろいろ他にもあるだろうな……と、出発前2週間ほどは、その準備のためになんやかんやと忙しく過ごしました。

まず、宿泊（滞在先）をどうするかですが、最初、ウィークリー・マンションを考え、問い合わせてみたところ、前記「③ウィークリー・マンションを利用する」に書きましたように各種費用が積算され、意外な金額になることが判りました。ウィークリー・マンションについては、この時、詳しく調べたのでした。

そこで旅館・ホテルなども調べてみたところ、いわゆる「ビジネス・ホテル（京都にもある）」が、河原町三条という市中心繁華街にあって朝食付きで、ウィークリー・マンションの3分の2強程の料金で泊まれることが判り（平日だと一泊朝食付４４００円程度）、今回はこちらにすることにしました（もっと安い施設もありますが、インターネット環境もビジネス専門だけに優れている）。

次に……

防犯を考え、滞在先から自宅室内の撮影映像を見られるようにする。

①これは、まず「毎日決めた時間に自宅パソコンをオン・オフできる」という無料ソフト Exit-Win & XcopyGUI をインストールします。

②次に Chrome・リモート・デスクトップという「遠隔地のパソコンから、動いてい

る自宅パソコンを操作できる」これも無料ソフトをインストールする。
③そして自宅パソコンには、動画カメラをつないでおく。

そうすると、毎日決めた時刻に遠隔地（京都）のパソコンやタブレットから、自宅室内を観察できます。これは無料で構築できました（Web動画カメラ［2～5千円程］は、すでにある）。その他にも防犯設備をセットしました。前述の仕掛けは、パソコンにある程度詳しい方はすぐ思い及ぶと思いますが、「自宅室内を観察する」だけでなく、「遠隔地にあるタブレットでも、自宅のパソコンを自宅に居るように操作使用する」こともできます。

なお、これは後日談ですが、やがて毎月、京都に10日以上も滞在するようになると、こんなセッティングはしなくなってしまいました。

さらに筆者は、前々から宅配新聞を電子版に変更しようと考えていたので、ちょうど良い機会と、この際、変更しました。はっきり言って「読みづらい」です。まだ慣れなくて眼が疲れるのか、ときどき、左目尻がピクピクと痙攣するのが気持ち悪いです。金額的には、宅配より数百円安くなりました。

スマホ（iPhone5）、日記執筆・アップ用タブレット（ASUS製Windows8 10.1型）

も持って行きました。

こうした準備の下、6月23日夜、横浜駅から高速夜行バスに乗り、翌朝、京都駅八条口に着きました（7月4日、帰りも八条口から高速バスで横浜に帰りました）。

詳細は省きますが、10日間、名所旧跡をあちこちと訪れました。京都観光が楽しくて、不動産屋のほうは所在場所の確認で終わってしまいましたが。過去、2泊3日や3泊4日で京都を訪れたことは何回もありますが、結局、スケジュールを詰め込み過ぎてしまい、あるいは「まだ時間があるからあそこにも寄ろう」とか、あたふたと疲れ切って帰ってくるの繰り返しでした。これまでは「旅行」であり、今回のような「滞在」つまり「暮らす」ということとは、大きな違いがあります。そこで「暮らす」ということの、一端でも体験・感じてみたかったのです。もちろん、10日くらいでは、大したことは解らないかもしれませんが、やはり「旅」とは、明らかに違うものでした。何と言っても「余裕」が違いました。「連続10日も居たら飽きてしまうよ」と言った友人もいましたが、帰る日も飽きることはありませんでしたし、できれば、「まだ居たい」という気分でした。

ただ疲労は、当初予定した以上に蓄積していました。これに関しては……

①やや気負っていた。
②何人かのマイミクさんと初めてお会いしたり（もちろん、皆さんと過ごした時間は、とても楽しかったです）、また、毎日、宿で日記を書いて公開、コメントにリコメンドしたりするなど、過去の旅行では無いことも多かった。
③長期間の行動ペース配分には、経験を積む必要がある。など、自分では感じています。今、振り返ってみると、多少「会社の出張」に似ていなくもないことに気が付きました（あえて例えると、マイミクさんはクライアント、不動産会社は取引先、mixiの日記は会社への報告書、という感じ）。
しかし、以上は「慣れ」の問題だと思うので、あと、短期滞在を2、3回も繰り返せば、「疲れることもない」という自信はできました。我が計画は「今後も、じっくり進めて行きたい」と、結論を出しました。

ところで、以上は根幹の話ですが、細かいことでは、以下のような改善を要する事項がありました。
・室内の植木鉢に給水設備を施していったが、帰ってきたら、相当しおれていた。もう2、3日帰宅が延びていたら枯れていただろう。
・留守宅の室内のパソコン・カメラ映像を京都から見えるようにしたが、なぜか8

日目に停止してしまった上、帰宅したらパソコンが立ち上がらなくなっていた。
・取っている新聞を京都でも読めるように、インターネット版に変更したが、実際はあまり見る余裕がなかった。
・今後、度々、短期滞在を実行するについては経費節減のため、新幹線ではなく、高速バス（比較的上等：横4列、140度リクライニング）を利用してみたが、若い頃ならいざ知らず、今の年齢では、けっこうしんどかった（しかし、何回か利用するうちに慣れた）。
などなど、これらは、今後、対策を考えていくことにしました。

【ポイント】

- **毎週末の実家行きをどうするか**
- **防犯対策をどうするか**
- **観葉植物など植木の水やりをどうするか**
- **飼っているペットの世話をどうするか**
- **不在中に回覧板が回ってきたらどうするか**
- **宅配の新聞は、この際、インターネット版に変更しようか**
- **高速バスでの往復は、何回か乗るうちに慣れるか**

不動産屋を巡る

今まで述べてきたように、2013年の初夏には、「机上の調査」も進み、実際の「プチ移住」も試行して、京都とデュアルライフをする気持ちが固まりました。

いよいよ実現に向け行動を始める時となりました。

しかしこの時点では、購入するか、その他の方法にするか、8月中は悩む毎日でした。

古い中古ワンルーム・マンションを購入するほうが、結局安いのではないか……。

さらにその頃、たいへん安い賃貸マンションを見つけ（と言っても借りられたらの話ですが）、それも悪くないのではないか……。というふうに二転三転する状況になっていました（まあ、決してお安い買い物ではないので、致し方ないかとは思います）。

とにかく、インターネットの不動産仲介サイトを調べまくって、両方の候補物件を絞り込んでいきました。

そして、この際、全部まとめて見に行くことにしたのです。

ただ、普段し慣れている観光旅行と勝手が違うのは、ひと月も前からスケジュールが立てられないことです。「不動産物件探し」は、それが賃貸であろうが購入であろうが、公表されたらできるだけ早く見たり調べたりする必要があります。良い物件は、早く決まってしまいます。どこの不動産屋からも「できるだけ早く来て下さい」と言われます。

ところが、こちらは遠方。実見したいと思った物件が出ても、交通手段はまだ良いとして（それでも希望の便席は取れないこともある）、3、4日以内の好みの宿泊先は、かなり埋まってしまっています（何しろ京都ですから）。一番困るのは、決まった予定を急に中止や延期してもらわなければならないことです。一週間前でないとストップできないこともあります。「日帰り」ならなんとか誤魔かせますが、そうすると、見たい物件が出る度に何回も往復しなければならず、かなりの費用が掛かってしまいます。それやこれやで、筆者の場合、現地に行くまでに最短一週間位は掛かってしまいます。

その間に、「お目当ての物件」「良い物件」が人手に渡ってしまったら、それは諦めるしかありません（このつい一週間前、実際にそういう目に遇いました）。

このように、不利な立場ではありますが、現地に行かなければ、事は進まないので、9月30日〜10月4日の間、とにかく行って物件を見ることにしました。

それとは別に京都・大阪在住のマイミクの皆さんとお会いしたり、合間に観光ができそうなのが楽しみでした。

その結果、結論から言いますと「賃貸物件にしろ、購入物件にしろGetするには、一筋縄では行かない」ことが、よく解りました。

詳細は後述しますが、要点だけ言いますと「賃貸物件ですと保証関係」に、「購入物件ですと情報関係」に、ネックがありました。つまり、賃貸物件ですと「関西では連帯保証人が、かなりうるさく厳しい」、購入物件ですと「実際には売られていない好条件の売り物件情報が、インターネットなどに掲載されている」、そして「その物件の交渉に行くと、別のそれよりかなり高い物件を勧められる」と、いったことです。連帯保証人などまったく用意していなかったし、勧められる購入物件は、予算をはるかにオーバー！

という訳で、ここは見事に敗退！　準備し直して（仕切り直し）、再度トライを目指すことに、気持ちを切り替えました。

しかし以上のように、本来の目的では散々でしたが、今回もまた関西（京都、大阪）在住の3人のマイミクの皆さんとお会いすることができ、Mさん、Sさんとは楽しくお酒をお付き合いいただきました。とくにTさんには、大阪府より車で駆けつけていただき、朝から晩まで一日中、一緒に賃貸物件を見に行ったり、名所を回ったり、とても充実した時間を過ごすことができました。

それでは、9月30日~10月4日の現地調査の顛末と、京都の賃貸物件について知り得た情報を詳しく述べたいと思います。

まず、最も重要事項である家賃ですが、京都市には11の行政区があります。中でも北区、右京区、左京区北部、など市の北部地域の賃貸物件（賃貸マンション・アパート）の家賃がとくに安いようです。現在、ヤフーの不動産仲介サイトから検索すると、月額家賃12000円くらいから賃貸物件があり、そのほとんどは前述の区に集中しています。京都市は大学が多く、そのため学生相手の賃貸物件も多く、月額家賃20000円以下の安い物件が、相当数あります。

筆者が8年前に賃貸物件を探した時には、月額家賃18000円くらいが最低ラインでしたが、最近、調べてみたら11000円から20000円以下の物件が8年前に比べて、かなり増えていたので驚きました。この現象はインターネット、とくにスマートフォンの普及で賃貸情報が広く拡散し、競争が激化したからとのことですが、コロナ禍の影響もあると考えられます。

そしてこの9月の現地調査の際、その月額家賃18000円、つまり最低ラインの物件とはどんなものなのか実際に見分してみたのでした。

ヤフーの不動産サイトで調べておいた右京区「双ヶ丘（ならびがおか）」西側、JR花園駅から徒歩約10分、月額家賃18000円、3階建て築25年マンションの一室を見に行きました。月額家賃20000円以下の安価な物件ですが、我が国最大手の入居仲介サービス会社である「ホームメイト」などでも、ちゃんとした仲介物件として扱って、サイトに掲載しているので、ある程度の安心感はありました。

この周辺は、JR、嵐電（京福電鉄）やバス（市バス・京都バス）が通っており、名所「嵯峨・嵐山」にも近く、市中心部に行くにも利便性の良い地域です。

また、双ヶ丘麓には昔、日本三大随筆の一つである「徒然草」を書いた兼好法師が住んでいたとのことで、兼好法師的生活にもあこがれていたので、それも気に入りました。

まずは、この物件を扱っていた阪急「西院」駅前ビルにテナントとして入っている前述のホームメイトに、「この物件を借りたい」と、あらかじめ電話を入れてから行きました。この時点では詳しいことは話さず、横浜の住人であることも言いませんでした。

ただ、当時、これより安い家賃の物件は確か無かったので、正直、恥ずかしかったことを覚えています。

しかし店舗に入ってみると、こんな安い物件（といってはなんですが）でも若い女性社員が丁重に応対してくれ、前述したように、当方は横浜に自宅があり、常住しないセカンド・ホーム的な利用であることを正直に話したところ、それについては何の拘泥も示しませんでした。とくに問題は無いようでした。当該物件の詳しい説明の他、その他の物件の紹介もあった後、「今、部屋を見に行きますか？」とのことで、彼女が自ら会社の駐車場から軽四輪を出してきて運転し、15分ほどで現地に着きました。車の「助手席に座らないで、後ろに座って下さい」と言われたのを懐かしく思い出します。

結果的にこの物件は成約しなかったのですが、この後、彼女（仮名「川島」さん）が筆者の担当のようになりました。

その物件の外観は古い公団住宅に似ていて、ワンフロアに廊下を挟んで、押し入れ付き四畳半から六畳の部屋が片側6室、全12室あり、3階建てなのでエレベーターはありません。各部屋に台所は付いていましたが、各フロアの端にトイレと階段があり、シャワー室が4つ、建物の外に小屋風に設けてあり、これらはもちろん共用でした。

数室が空いており、このうち四畳半の部屋が月額家賃18000円とのことでした。建物も各部屋も古いですがボロボロということはなく、トイレ・シャワーが共用というのが難点ですが、金額が金額なので、これなら住んでも良いかなという気持ちになったのでした。筆者は独身ですが、夫婦でも半月くらいは過ごせそうな部屋ではありました。

ちなみに、現在でもそうですが、月額家賃20000円以下の物件だと、トイレ・

シャワーなどが共用になるケースが多いと言えます。ちょっと京都に詳しい人は知っている話だと思いますが、京都には「銭湯文化」があって、要するに他都市に比べ銭湯が多くあり、この物件の近くにも「御室湯」という銭湯がありました。銭湯を利用するのも楽しいかもしれません。

連れてきてくれた川島さんは各種契約書類も持って来ていたので、その場で、さらに契約に向けた話を進め掛けたのでしたが、この時、初めて連帯保証人が必須であることを知ったのでした。連帯保証人は準備していなかったので、「探してみる」ということで、この場は「保留」ということになりました。連帯保証人が決まらならないと契約に向けて手続きが進められないとのことでした。空き部屋全部が埋まることは当分無いだろうとの川島さんの見解で、その点、連帯保証人を見つける時間的余裕はありそうです。

翌日、この西院駅前のホームメイトの他に、ひとつとなりの「大宮」駅前の、大手ではない、よくある町の小さな不動産屋さんにも行きました。ここでは、前記「①分譲マンションや戸建て住宅を購入する」で述べた購入物件を実見させてもらいましたが、別の高額な物件を勧められるなど、今一つ信頼できなかったのと、前日見た月額家賃18000円の賃貸物件にだいぶ惹かれていたので、それからの物件探しは、このホームメイト一本に絞りました。

【ポイント】

- **希望する不動産物件は、できるだけ早く見たり調べたりする必要がある**
- **おとり物件に注意**
- **最近、家賃11000円から20000円以下の物件が、以前に比べて増えている**
- **最低ラインの賃貸物件（当時18000円）でも丁重に対応してもらえた**
- **最低ラインの賃貸物件でも、十分居住が可能だった**

実際に交渉を進める

横浜に帰ってきて、さて「連帯保証人をどう探すか」と思案していたら、京都のホームメイトの例の女性社員川島さんから電話が掛かってきて「どうですか？　連帯保証人は見つかりました？　大家さんがお母様でも良いと言われてますが……」との連絡がありました。その時、子供（筆者）が60過ぎなので、母親は86歳になっていました。それでもＯＫなのかと思いましたが、今回の計画（京都とデュアルライフ）については、心配を掛けたくなかったので母親にはまったく話していませんでした。後で知ったのですが、実態は自分の親族に連帯保証人になってもらう場合が最も多いそうです。

「母親に話そうか」と考えていたら、何と！　マイミクさんで筆者の京日記を全部読んでくれている、高校の時となりのクラスだった友人（現役サラリーマン）が、見るに見かねてか「連帯保証人になってあげようか」と言ってくれたのでした。横浜の数名の旧友達には、折に触れ現状を話していたのです。筆者は、過去、連帯保証人を頼まれても断り続けてきたので、忸怩《じくじ》たる思いもありましたが、この際、ご好意を受けることにし（前記の通り、保証金は預けた）、さっそく、川島さんに連絡しました（幸い、まだ借り手が付いていなかった）。

これで入居申し込みができるようになりました。「入居申し込み」というのは、氏名・住所・年齢、勤務先、年収、連帯保証人などを記入する「入居申込書」を書いて提出することです。これを不動産屋（この場合、ホームメイト）、並びに大家さんが見て審査するそうで、それに合格しないと、賃貸契約は結べないとのことでした。

連帯保証人になってくれた友人は、まだ現役でサラリーマンをしていて、年金暮らしの母親よりは、当然、有利であろうと思っていました。ところが、ホームメイトの審査はＯＫだったらしいのですが、家主（大家）さんが、筆者には「貸したくない」と、言ったのだそうです。

不動産屋にとって大家は「絶対の存在」なので、否応なく「従わざるを得ない」とのことで、断られた理由も聞いたのですが、大家さんの思いについても「教えないことになっている」のだそうです。そう言えば、横浜の不動産屋の知人が「日本中の不動産屋は、大家のほうを向いて商売している」と言っていたのを思い出しました。大家さんが厳格なのは、歴史的経緯から言っても「いかにも京都」という感じもします。また、あの程度の物件に「ご大層な」という思いもあります。これも「いかにも京都」という感じがします。

しかし、感情論は措くとして、冷静に困ったのは「何がネックになっているのか」が、よく判らないことです。これが、ある程度判明しないことには「今後の作戦が立てられない」ということになります。そうすると「闇雲に鉄砲を撃つ」ことになり、時間と労力とお金の浪費になるので、それはしたくありません。

「ガラスの壁」という言葉が浮かんできます。

こういう話になったので書きますが、今回、連帯保証人になってくれた友人は、普通の人では、めったに住めないような所に永く自宅を保有し住んでいます。筆者も負債ゼロで、多少の資産は保有しています。従って「ストック＝資産」より「フロー＝年収」

のほうが重視されているような感じは、なんとなくしました（確かに年収は少ない）。
後で考えたのですが、どうも、現役サラリーマンの友人より、年金暮らしの母親のほうが、つまり親族のほうが信用度が高いようです。

その後、ホームメイトの男性社員（我が担当の川島さんの上司らしい）から「（暗に当社のせいではないが）たいへん申し訳なかった」と、（あの京言葉で）しきりに恐縮するお詫び電話が入ったので、試しに「こちらは、遠方で物件を見に行くだけでも一苦労なのだから、筆者の提示した条件で貸してくれるところだけを紹介してほしい！　見込みのないところは、最初から紹介しないでくれ！　場所も右京区の双ヶ丘の近くで」と言ってみたところ「よろしゅおす」との返事でした（しかし正直、当てにはしてなかった）。

すると、一週間くらいして、ホント！　に2件の物件を紹介してきました（ナンヤ！　おますんやないか【京言葉になってしもた】！）。

ただし、条件に賃貸保証会社（全保連株式会社）に加入する（年間2300円支払う）ことが、一項目加わっていました。

※ここが不可思議なところで、連帯保証人を立てた上に、保証料も支払うというのは理不尽にも思えます。すべての物件は、賃貸保証会社に加入さえすればＯＫという訳

ではないそうです（ここでも、大家さんの影がチラつく）。

場所も、前述の大家さんに入居を断られた物件より西に300メートルほどで、ほぼ希望通り。周辺には学生向けの賃貸物件が多く、すぐ近くには「けんこうはうす」という兼好法師を意識した施設（言うまでもなく「健康ハウス」と「兼好ハウス」を掛けている）もあります。「京都日報記者：杉浦恭平（新・京都迷宮案内）」のまねも捨て難いが、やはり、兼好法師のほうがメジャーだし、兼好法師は横浜市（金沢区）で生まれ、京都と頻繁に往復したとの説もあって、ご縁もあるし……。という訳で、紹介された2件のうちの1件に入居申込をしました（それが、現在借りている物件）。

しかし、現地を見ていないので、契約が可能になったら現物を見に行かなければなりません（やはり現物は見ないとね……）。しかし今は、京都の最も観光客が多くなる時期で、直前では、宿もなかなか確保できないし、できてもバカ高いし、最悪「日帰り」も覚悟しました。

筆者が不思議だと思うのは、どこの不動産屋でも、行くとまず「こんなのも、あんなのもあります」と次から次へと物件の紹介プリントが出てくることです。それより、その人がどれだけの物件を借りられる状況にあるのか、調べるのが先だと思うのですが……えらい非効率だと思いました。

そしてついに、11月15日頃、入居申込みの審査にパスしたと、川島さんから電話がありました。

ただ、審査パス後、なるべく早く実地検分するように言われたので（普通は実地検分してから審査になる）、宿や新幹線を調べたところ、今、京都は紅葉シーズン真っ只中、年間最高の人出中なので宿泊もできず、予想通り日帰りせざるを得なくなってしまいました。

新幹線も始発の次しか座席が空いておらず、11月18日、4時起きで4時半に出宅。「新横浜」駅を6時11分発車、京都駅には、なんと8時5分に着くことになってしまいました。

ホームメイトは10時開店なので、それまでの時間、季節柄、余った時間で紅葉も楽しむよう計画しました。インターネットで調べて、紅葉が見ごろの「泉涌寺」と「東福寺」を訪れたのを覚えています。JR「東福寺」駅から京都駅に戻ったのが10時過ぎ。それから、ホームメイトがある「西院」駅前に向かいました。

ホームメイトには10時半過ぎに着き、さっそく川島さん自ら社用車を運転して、現地に向かいました。場所は、西院駅前から車で15分ほどの「東映太秦映画村」のとなり。

嵐電「常盤」駅から5分、「太秦広隆寺」駅から8分、ＪＲ「花園」駅から12分、「太秦」駅から10分、市営地下鉄「太秦天神川」駅から16分の場所になります（いずれも徒歩）。バスは徒歩3分のところに市バスと京都バスのバス停があります。

以上、いろいろな交通機関が利用できますが、嵯峨・嵐山へは市バスで10分、東山へは市バスで30分、京都駅には、花園駅から各停で13分、京都市中心部の四条・三条へは、京都バスで20数分ほどと、かなり利便性も良いです（以上、電車もバスも乗り換え無し）。

周辺の施設は、徒歩3分のバス停の前に大きな地元スーパー（マツモト）と、業務スーパー、セブンイレブン、ガスト、ダックス、もう少し離れてブックオフ、松屋、電器店（マツヤデンキ）、和食「さと」、ダイソーなど、暮らすには不足無い環境です。

京都最古の寺と言われる「広隆寺」、世界遺産「仁和寺」、塔頭（子院）が46もある巨大な「妙心寺」、「法金剛院」などは徒歩でも行けます。

とくに、徒歩12分ほどの妙心寺は、江戸時代の武家屋敷町にタイムスリップしたような広大な境内で、散歩するには最高です。

肝心の部屋は、築25年、鉄筋コンクリート4階建ての3階、月額家賃水道料・管理費込みで23000円。前回断られた物件より5000円高いですが、その分、設備は充実しています。小さなキッチン（ＩＨ調理器レンジ付）・シャワー付バス・トイレ・エアコン・小型冷蔵庫、給湯器は付属しています。約9平米と狭いワンルームですが、ヒト一人が暮らせれば、それでOKと考えました。古い割にはそれ程に見えなくて、部屋は全壁面白壁紙、設備も書類通りでしたので、その場で、賃貸契約することを決し、契約書の作成を依頼しました。

そして、川島さんから住み込みの管理人さんを紹介された後、実際にJR「花園」駅まで徒歩してみたのでした（書類通りの所要時間でした）。

【ポイント】

- **親族が連帯保証人になる例が最も多い**
- **現役サラリーマンの友人が連帯保証人でも、入居を拒否された**
- **連帯保証人を立てても、賃貸保証会社に保証料を支払うことになった**
- **不動産屋は大家のほうを向いて商売しているとのこと**

契約から入居まで

11月18日はその後、嵯峨・嵐山を観光し、夜、マイミクのSさん（mixiコミュニティ「中高年のための京都」代表）と居酒屋で呑みながら、京都とデュアルライフを始めることを報告し、深夜、横浜の自宅に帰りました。

帰宅後、すぐに契約書類が多数郵送されてきました。「賃貸借契約書」が契約上のメインになる書類ですが、住民票のような取り寄せなければならない書類もありますし、連帯保証人になってもらう友人には来宅してもらって、印鑑登録した実印を賃貸借契約書に押してもらいました。また、連帯保証人にも、取り寄せてもらう書類があります。

必要となる書類等は、以下の通りでした。

- 借主の住民票
- 借主の実印（銀行引き落としの場合は銀行印）
- 借主の収入証明書（源泉徴収票など、個人事業主の人は納税証明書）
- 連帯保証人の住民票
- 連帯保証人の印鑑証明書
- 連帯保証人の収入証明書（源泉徴収票など、個人事業主の人は納税証明書）

以上を揃える間に契約に必要な指定された金額（諸費用）を契約前にホームメイトに振り込みました。

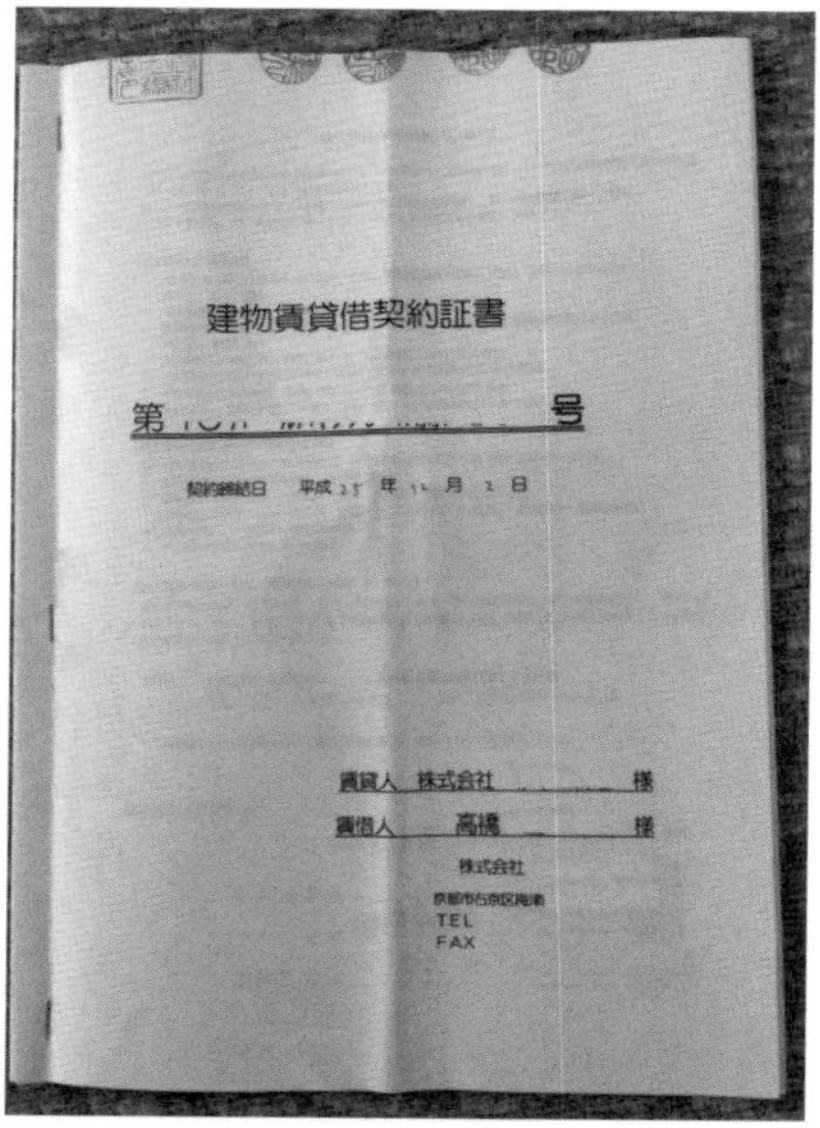

写真は賃貸借契約書

更新費用

更新日	更新料	事務手数料	火災保険料	保証料	合計
2015年12月2日	20,000	10,800	16,000	4,600	51,400
2017年12月2日	20,000	10,800	16,000	4,600	51,400
2019年12月2日	20,000	0	15,000	4,600	39,600
2021年12月2日	20,000	0	16,000	4,600	40,600

ここで、契約に必要な諸費用について詳述します。

賃貸物件を新規に契約するには、礼金・敷金・仲介手数料・前家賃・火災保険料などの諸費用を支払う必要があります。

敷金・礼金の説明は省きますが、平均額は、それぞれ家賃1か月です。しかし、最近では片方か両方とも取らない物件がたくさんあります（敷金は預り金なので、全部でなくとも戻ってくる可能性がある）。すでに8年前の筆者の契約の時も礼金は取られませんでした。できれば、両方無しの物件を選びたいものです。

仲介手数料は、不動産屋さん（この場合、ホームメイト）に払う費用で、最高、家賃1か月分となっています。筆者の場合、20000円でした。

前家賃は、契約時に当月分と翌月末の家賃を先支払いすることを言います。

火災保険料は、文字通り万が一、火災が発生した時のための保険料で、筆者の場合、2年間（1サイクル）16600円でした。

それに筆者の場合は、賃貸保証会社に保証料2年間4600円支払います。以上が諸費用になります。

なお、2年ごとの更新諸費用は、これより安くなり前掲した図の通りです。2019年から事務手数料10800円が無くなりました。同じ物件を4回も更新したのは、老人ゆえ別の新規物件に借り換えるのは、難しいのではと判断したからでした。

2年ごとの更新月以外は、毎月25日までに家賃23000円のみ、不動産管理会社に振り込んでいます。

後でまた出てきますが、我々借主が大家さんと直接接することは無く、間に不動産管理会社が介在し、大家さんの代理のような役割を代行しています。更新料や毎月の家賃は、こちらに支払います（火災保険料や保証料は、別に振り込みします）。不動産管理会社は諸事情により、ときどき変わることがあり、筆者の場合、8年間の間に2回変わっています。

ホームメイトは賃貸物件仲介業者ですから、原則的には賃貸借成約後は縁が切れます。

4年間（更新期間2年間×2回＝2サイクル）借りるとして、経費を1泊当たりで計算してみます。

家賃	20000円×48＝960000円
水道料金	2000円×48＝96000円
電気料金	0円　※注
ガス料金	0円　※注
管理費	1000円×48＝48000円
契約諸費用	64200円
1回目更新諸費用	51400円
合計	1219600円
1か月当	25408円

となります。
もし、1か月10泊すると1泊当　2541円
もし、1か月10泊すると1泊当　2117円
※注
筆者の場合、水道料金を月定額2000円支払っています。これは家賃と一緒に毎月

振り込んでいます。しかし、光熱費（冷暖房・調理は電気、風呂・温水はガス）は実質ほぼ0円です。どういうことかと言うと、在京中は、自宅の電気を使用しないからです（冷蔵庫を除いて）。むしろ自宅は京都の住まいよりずっと広いので、京都の住まいより光熱費が掛かっています。バスタブも自宅のものより小型なので、その分ガス使用量は自宅より少ないです。

また、ご夫婦でご一緒に滞在されるのも良いというか当然ですが、お一人ずつ1か月1、2週間ずつ滞在するというのも悪くないと考えます。さらに割安となります。

例えば、日本三大祭のひとつ「祇園祭」は、7月1日から31日まで関連行事も多く、丸々1か月間続きます。「前祭」と「後祭」に別れるので、今年は夫が前祭を見て、妻は後祭を見る。翌年は逆にします。こうすると1か月20泊はできます。京都三大祭のひとつ「葵祭」は、関連行事を含めると半月間続きます。

なお、現在では月額家賃1万円台の物件が増えているので、さらに経費を落とせる可能性も8年前より増えています。

さらに、祝日前・週末前、観光シーズン中（年末年始、桜・紅葉時期、京都三大祭前、ゴールデンウィーク、など）に市中の宿泊施設に泊まると、宿泊料金は高くなります。この期間を累計すると、思わぬ長期間となります。

最も高くなるのは、紅葉期間中や年末年始で、最大数倍に跳ね上がります！

また、ウィークリー・マンションや安価なゲストハウスなども、この期間、料金が高めになったり、最も困るのは、予約も取り難くなったりすることです。

観光旅行でもプチ移住でも、観光シーズン中は京都に居ることが多いですから、通年、料金の変わらない、いつでも好きな時に滞在できる賃貸物件は、もっとお得になります。

なお、誰も滞在していない期間、借りている物件を赤の他人に「又貸し」して、発覚した場合、賃貸借契約を解除されるのが通例となっているので、これはやめましょう（たいてい建物の管理人が居るのでバレてしまう）。

諸費用も振り込み、提出書類も揃いました。各種書類をホームメイトに持参し、いよいよ賃貸契約を締結する時がやってきました。川島さんと電話で打ち合わせし、契約日を２０１３年12月2日とすることにしました。同日に部屋のカギを引き渡すとのことで、その日に入居もできるとのことでした。

ちなみに今後の更新日は、毎回12月2日になるそうで、次は2年後、つまり２０１５年の12月2日になるとのこと（その後、２０１７年、２０１９年に更新し、直近は２０２１年 12月2日でした）。更新書類は、更新年の8月中に届き、更新するなら10月末までに手続きを終えます。

12月2日の午前中、ホームメイトの店頭で持参の書類をチェックし、不備が無ければ、その直後に部屋のカギをもらえるという手順だったので、初回は12月2日に入居し、12月12日まで滞在することに決めました。しかし、万が一、書類に不備があって入居できなかったらどうしようと、一瞬、不安に思ったのですが、その時はその場で考えようと文字通り見切り発車しました。

とりあえず2、3日の旅行の仕度をして、2日朝、午前5時起床、5時半出宅。新横浜駅7時2分発、京都駅に9時1分に着きました。不思議なことに、今日中にいろいろしなければならない事項が、次から次へと頭をよぎり、感激、感慨といったような気持ちは、全然起きる余裕が無かったのでした。

10時、西院駅前のホームメイトに着いて、持ってきた各種書類を川島さんに見てもらいました。その間、けっこうドキドキしていたのを覚えています。

幸い、書類はすべてＯＫ！

ところが、この場で部屋のカギをくれるのかと思ったら……。

そうではなくて、カギは不動産管理会社のＳ商事で渡すとのことで、彼女の運転する車に乗せられ、大家さんから委託されている近くの不動産管理会社に行ったのです。

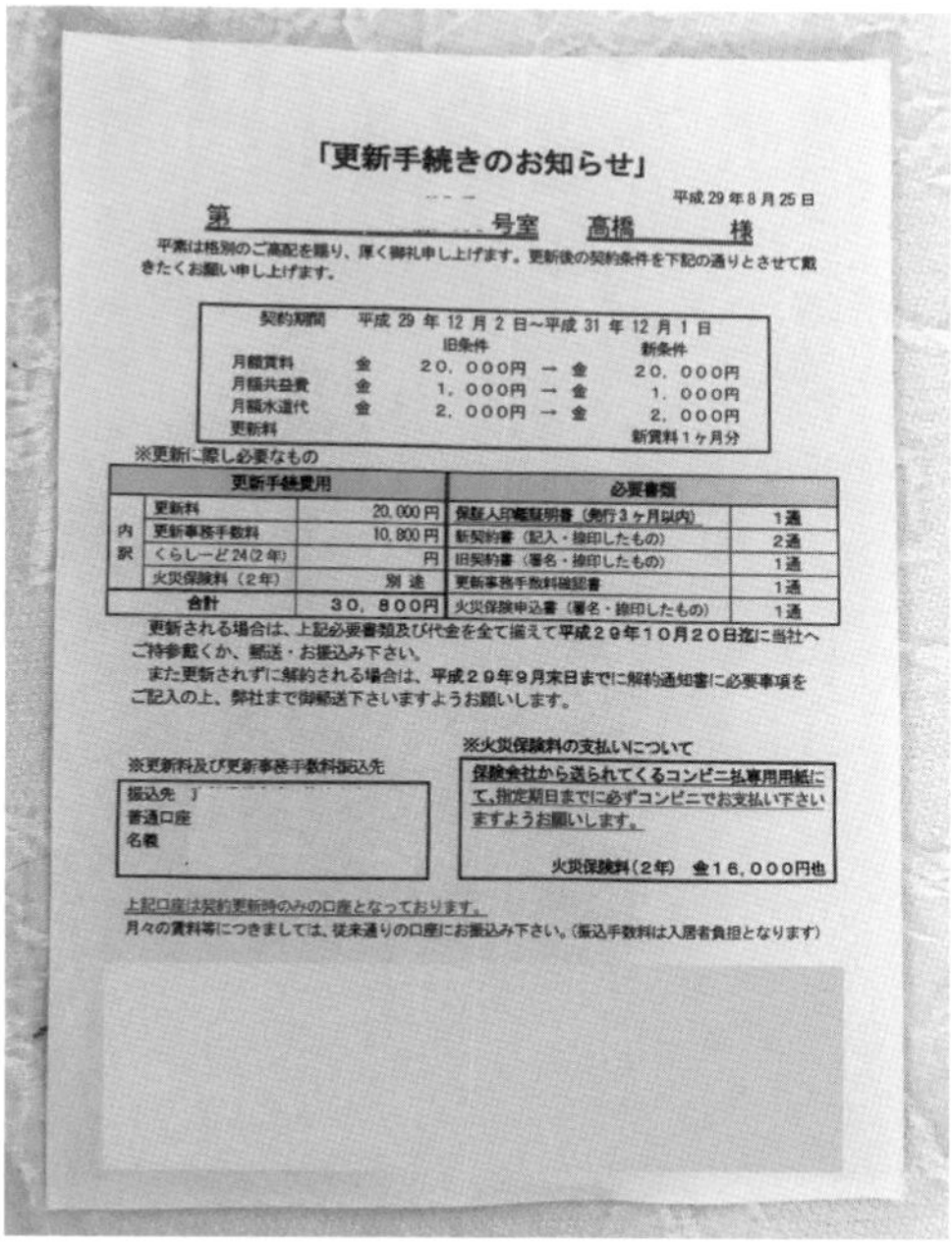

「更新手続きのお知らせ」

平成29年8月25日

第　　　　号室　高橋　　様

平素は格別のご高配を賜り、厚く御礼申し上げます。更新後の契約条件を下記の通りとさせて戴きたくお願い申し上げます。

契約期間	平成 29 年 12 月 2 日～平成 31 年 12 月 1 日			
		旧条件		新条件
月額賃料	金	20，000円	→ 金	20，000円
月額共益費	金	1，000円	→ 金	1，000円
月額水道代	金	2，000円	→ 金	2，000円
更新料				新賃料1ヶ月分

※更新に際し必要なもの

更新手続費用			必要書類	
内訳	更新料	20,000円	保証人印鑑証明書（発行3ヶ月以内）	1通
	更新事務手数料	10,800円	新契約書（記入・捺印したもの）	2通
	くらしーど24(2年)	円	旧契約書（署名・捺印したもの）	1通
	火災保険料（2年）	別途	更新事務手数料確認書	1通
合計		30，800円	火災保険申込書（署名・捺印したもの）	1通

更新される場合は、上記必要書類及び代金を全て揃えて平成２９年１０月２０日迄に当社へご持参戴くか、郵送・お振込み下さい。

また更新されずに解約される場合は、平成２９年９月末日までに解約通知書に必要事項をご記入の上、弊社まで御郵送下さいますようお願いします。

※更新料及び更新事務手数料振込先

振込先

普通口座

名義

※火災保険料の支払いについて

保険会社から送られてくるコンビニ払専用用紙にて､指定期日までに必ずコンビニでお支払い下さいますようお願いします。

火災保険料（2年）　金16，000円也

上記口座は契約更新時のみの口座となっております。

月々の賃料等につきましては、従来通りの口座にお振込み下さい。（振込手数料は入居者負担となります）

写真は2017年の更新時の通知

ここで、火災保険料（2年間16600円）を現金で支払うよう言われ、ついに待望の部屋のカギを渡されました（ちなみに、この火災保険料は、関東では大家が負担する場合も多いらしい）。

そして川島さんとは、ここで永遠に（と言っては大げさだが）お別れすることになりました。振り返ってみれば、ずいぶんお世話になったものです。車に同乗する時、必ず言われる「助手席に座らないで、後ろに座って下さい」も、もう聞くことはないでしょう。先ほど、お礼に新横浜駅で買ってきたお菓子を渡しましたが、ふたたび、丁寧にお礼を言いました。商売とは言え、安い物件でも親身になってずいぶん懇切丁寧に対応してくれることが解ったのは大きな収穫でした。

【ポイント】

- **更新諸費用は、新規契約諸費用よりも安くなる**
- **連帯保証人に揃えてもらう書類も少なくない**
- **3回目の更新から、事務手数料がなくなった**
- **筆者の場合、1か月に10泊はしないと、他の居住方法より割高になる**
- **毎月の家賃は、不動産管理会社に振り込む例が多い**

・部屋のカギは不動産管理会社で手渡された
・不動産屋の担当者からは、最後まで懇切丁寧に対応してもらえた

初めての滞在（生活道具を揃える）

Ｓ商事に行く途中、Ｓ商事から徒歩10分ほどのところに家具の「ニトリ」があるのを見付けました。それで、Ｓ商事から歩いて行って、薄いマットレス、掛け布団、電気敷毛布、シーツを買ったのでした。新居用に買った最初の家財道具ということになります。ニトリは横浜の自宅の近くにもあり日頃から愛用していて、商品の配置まで横浜とまったく同じだったので、京都に居るという実感がありませんでした。

大荷物になったので、店頭に停まっていたタクシーを頼み新居に向かいます。ワン・メーターで着きました。

そしてついに、自分の手で新居のドアのカギを開けたのです！　電気は前々日に、関西電力に電話し開通していたのでホッとしたのを覚えています。室内の設備をまずチェック！　照明もエアコンも冷蔵庫も風呂もトイレも「問題ナシ」。やっと自分の家という感じがしてきました。

ここで、午後1時頃になっていたのに気が付き、部屋から徒歩3分のガストで昼食をとりました。

その後の行動は、詳細に書くとあまりにも煩雑なので端折りますが、近くのスーパー・マツモト、マツヤデンキ（電気ヒーター購入）、そして、部屋から10分ほどの嵐電「帷子《かたびら》の辻」駅ビルにあるダイソーには、2度行って、細々した台所・掃除用品など、家庭雑貨を買いまくったのでした。そして、気が付けば午後4時半を過ぎていたので、部屋からわずか3分のスーパー・マツモトに改めて日本酒と肴を買いに行き、ようやく「初日の一人お祝い」をしながら、やっとここまでたどり着いた喜びを噛みしめ、今後、この部屋を「我が庵《いおり》」と呼ぶことにしたのです。室内は文明の利器であふれていますが、広さは日本三大随筆の一つ「方丈記」を書いた鴨長明の草庵（方丈）とほぼ同じです。

非常に印象的だったのは、ダイソーを往復している時に、今まで相当の回数、京都に来ていますが、明らかに今までと感覚が違ったことです。今は、旅行者ではなく「この地で生活する者なのだ」と実感しました。しかし、肝心の紅葉は、街路樹の紅葉を少し感じる程度の余裕しかなかったことが残念です。そしてこの時期、京の夜はやはり冷え込みますね！　風邪には注意しようと思いながら眠りに落ちました。

翌朝、最低必要な物品は昨日買い揃えたので、本日から、いよいよ紅葉鑑賞を始めることにしました。何しろ、紅葉はこちらの都合など一切斟酌しないで進んでいくのですから……。

8時20分、我が庵を出る。昨晩、マイミクさんより「北野天満宮」の紅葉が素晴らしいとの情報が入ったので、北野天満宮の最寄駅、嵐電「北野白梅町」駅に行くため、まずは嵐電「常盤」駅に向かい、わずか5分で着きました。

「アッ！　嵐電って、どうやって乗るんだっけ？」今まで始点か終点からしか乗ったことがなかったのでした！　途中の駅から乗るときには、どうすれば良いのだろう！あとで、ググって知ったのですが、嵐電の乗り方は、一応、解りづらいということになっていて、なんと始点・終点からと、途中からでは、乗り方が違うのです。途中駅から乗る場合、観察していると後ろから乗り、降りる時は前から全線均一200円（現在は220円）払って降りるのでした。しかし、前から乗り込んでしまう人も多いです。原則は「後ろ乗り・前降り」なのですが、実態は、まあめちゃくちゃです。

始発駅から乗る時は、何もしないで自由に乗ってしまい、終着駅で降りる時は、車内ではなく、改札口で運賃を支払います。

北野天満宮に着いてみると「史跡御土居」の紅葉というのが優れていて、外から見ても見事なのが判りました（10時から開園）。

それから、インターネットでは、清水寺から円山公園、知恩院あたりの東山の紅葉が見ごろとのことなので、市バスで北野天満宮から三条京阪で降り、歩き始めました。知恩院、円山公園、高台寺、清水寺と進みましたが、もう12月なので残念ながら紅葉は、やや色褪せていました。しかし、マイミクさんから特別拝観の「清水寺塔頭・成就院庭園」は良いと聞いていたので楽しみにしていました。清水寺本体は大混雑なのですが、同じ境内にある成就院には、ほとんど人が来ません。なるほど非常に完成度の高い庭園で、紅葉が色褪せても、十分補って余りある素晴らしさでした。実は、ここには一度、夜間拝観で来たことがあるのですが、ものすごい人出と暗がりで良く見えなかったのでした。十分満足したところで、イノダコーヒ清水店で知る人ぞ知るという「今昔セット」で昼食を摂り、午後はふたたび買い物に励みました。清水坂を下り市バスで京都駅に出て、八条口のダイソーで昨日買い忘れたものを買い、また西院のニトリへ行き、嵩張るカーペットなどを買いました。

さて、これで我が庵に帰ろうと、近くの嵐電「山ノ内」駅まで10分ほど歩いて駅に着きたまげました！

ホーム（というか停留所）の幅が60センチ位しかないのです（正確には63センチ）！そしてホームの両側を車が走り抜けて行く！　抱えた「大荷物」が、通り過ぎる車と触れそう。正直、電車が来て乗るまで怖かった。「こんな駅、許されるのか！」しかし、これだから京都は面白い！ しかも、嵐電は、後ろから乗るとのことなので、ホームの一番後ろにいたら、電車はホームの一番前で止まったのでした（ホームは狭いが長い）。だから必死に「田んぼのアゼ道」のようなホームをバランスとりながら小走りで前に走った！ 怖いのなんのって……。左横はビュンビュンと車が走って行く！ 言い忘れていましたが、乗客は自分以外無し。降りる客も無しでした。

かくして、冷や汗ダラダラで乗って、3つ目の「太秦広隆寺」駅で降り（こちらはまともなホームでしたが、ホームに民家の玄関があるのです）、徒歩8分で帰り着きました。「今日は嵐電が最も面白かったかな？」。後で知ったのですが、山ノ内駅は「日本一、幅の狭いホーム」として有名かどうかは疑問ですが、日本一は確からしく、電車が来るまで道路脇に待機していて、車両が狭いホームに到着したら、おもむろに道路を渡ってホームに乗るのが地元のお作法なのだそうです（それから乗車する）。太秦広隆寺駅前の広隆寺の国宝第一号に指定された弥勒菩薩像も久しぶりに見てみたかったですが、ニトリのデカい袋を持ったままではネ……。

入居2日目は暮れていきました。

嵐電「山ノ内」駅ホーム（ホームの幅が 63cm しかない）

嵐電「太秦広隆寺」駅ホーム（ホームに民家の玄関がある）

初めてのプチ移住は以上のように、暮らすに必要な家庭雑貨・寝具・家電などをときどき買いつつ、12月11日まで「錦秋の京都」を楽しみました。その間もう一度、ニトリへ買物に行ったのですが、今度はやや遠回りなぶん、ホームが広い西院駅から乗るようにしました（笑）。

これからプチ移住を続けるために必要なものは、この10日間で8割方揃えることができました。購入した家電として、暖房器具はどちらも数千円の電気ストーブと電気毛布を近くの電器店で購入。テレビは、パソコン用テレビチューナー（約10000円）を愛用のノートパソコンに付けて視聴するようにしました。これはスマホ程度の大きさなので、持ち運んで自宅でも使用しています。そのノートパソコンも、当初、持ち運んでいましたが、買い換えた時に京都に置きっぱなしにしました。京都レポート（日記）作成・アップ用にも使用しています。

常時接続の Wi-Fi は契約しないで、スマホのテザリングを使用しています。

12日、午後12時50分、京都駅八条口から高速バスに乗り、20時20分、川崎駅に到着。21時15分に横浜の自宅に着きました。

【ポイント】
・生活に必要な家電、道具、雑貨、食器などは10日で8割方揃えられた
・テレビ・SNSアップ用に、ノートパソコンを置くようにした
・テレビはパソコン用テレビチューナーを使用
・常時接続のWi-Fiは契約しないで、スマホのテザリングを使用

筆者の部屋

第2章 筆者のプチ移住から

こうして2013年12月、筆者の京都とのデュアルライフが始まりました。

翌2014年1月から毎月10から11泊を基準に在京するようにしました。ただ2月と8月は寒さと猛暑で1週間ほどに短縮しました。冬は「京の底冷え」、夏は「京の油照り」と形容されているように、京都は寒暖の差が大きいことで有名、す。しかし現在、真夏は地球温暖化で猛暑が続きますが、真冬は早朝に外出するのでなければ、想像していたほどの寒さではないと感じました。その代わり、過ごしやすく、また京都が最も映える桜や紅葉の時期は、2週間ほど在京するようにしています（2020〜21年を除く）。

在京中の平均的な一日を述べますと、朝9時頃、その日の取材先に出発します。なるべく午後3、4時頃には帰宅し、すぐに本日の取材レポートを作成、3時間ほど掛かって、mxiの「京日記」にアップします。その後、帰宅前に寄ったスーパーなどで買った食品や食材を調理して夕食を食べます。夜はテレビを見たり、明日の取材計画を立てたり、日記のコメントにリコメンドしたりして過ごします。

そのスーパーですが……、我が庵近くの「丸太町通」は、太秦映画村前を通る道路「太秦映画村道」と直交しています。その交差点の南東角にスーパー「マツモト新丸田町店」という、京都府に24店舗を有する地元資本の大きなスーパーがあります。

そのスーパー・マツモトの太秦映画村道を渡った真向かいには、全国展開している「業務スーパー」があり、これらは、我が庵から徒歩約3分の場所にあり極めて便利なので、頻繁に利用しています。業務スーパーは横浜の自宅近くにもあり馴染み深いのですが、より大きいマツモトを利用することのほうが多いです。

興味深いのは、どちらのスーパーも地元京都のいわゆる「京野菜」を売っていることです。とくにマツモトは野菜売場に京野菜コーナーを設けており（最近では市内各所のスーパーで京野菜コーナーを設けていることが多い）、自炊がメインの筆者としては、行く度に覗くのが楽しみです。壬生菜、賀茂なす、万願寺とうからし、伏見とうからし、九条ねぎなど買って簡単な調理をして楽しみます。とうがらしは、どちらもピーマンに似ていて焼いて食べます（ほとんどは辛くないが、たまに辛い個体もある）。賀茂なすは田楽や煮びたしにして食べます。賀茂なすは大きいので2、3日食べられます。

その他、目に付く京都ならではの特徴としては、油揚げがバカデカくて分厚いこと。これは関東ではまず見掛けません。京都土産の定番「ちりめん山椒」が錦小路などの土産店のほぼ半額で売られていることに驚きました。また、京都のパンの消費量は日本一なので、パン売場の品数が豊富なことも特筆できます。

食べ物以外では、京都ではゴミ出しに市指定の有料ゴミ袋が必須となります。「燃やすごみ用」と「資源ゴミ用」の2種類があり、スーパーなどで買います。

筆者は「京日記」というタイトルで、プチ移住している間の日記をSNSのmixiにアップしていることは前述しましたが、現在、その総数は750本を超えています。日記の記述を元に歳時記風に取材の一端をご紹介したいと思います。

【ポイント】

- **真冬、早朝に外出するのでなければ、それほどの寒さではない**

- **真夏・真冬は短く、桜・紅葉の時期は長く滞在するようにした**

京《みやこ》の歳時記

①京の風物詩レポート 正月：七草粥

「七草粥」は、一年の無病息災を願って「春の七草」が入ったおかゆを1月7日の「人日《じんじつ》の節句」に食べる日本古来の料理（行事食）です。正月のご馳走で弱った胃を休ませる効用もあると言われています。

この行事は、すでに平安時代には行われていて、1月7日に七草を食べて健康を願う風習は中国にも由来しているそうです。

新年三賀日が明けると、七草をセットした商品がスーパーや八百屋などに並び始めます。筆者の家でもスーパーで買った七草粥セットで七草粥を作って毎年のように食べていました。そういう家庭は多いのではないでしょうか。

七草粥は全国的に行われている行事と言えますが、神社で七草粥を氏子や参拝者にふるまう風習は、京都のほうが東京などより盛んだと言えるでしょう。以下の7つの神社が、七草粥の提供をしていることで知られています。

・上賀茂神社　・福王子神社　・西院春日神社
・若一神社《にゃくいちじんじゃ》　・城南宮　・御香宮神社《こうのみやじんじゃ》　・石清水八幡宮（八幡市だが京都市に隣接）
※以上、北から南に列挙

筆者は、この6つの神社のうち、上賀茂神社、福王子神社、西院春日神社の3つに行ったことがあります。どれもただ七草粥を食べさせるだけでなく（各々の粥の違いも楽しめますが）、いろいろな由緒があり趣向も凝らされています。

最初に行ったのは、西院春日神社の「若菜祭」でした。次の年は、福王子神社の七草粥を食べに行きました。西院春日神社も我が庵から近いですが、実は、この福王子神社、徒歩15分ほどの場所に鎮座しており、我が庵のある太秦は福王子神社の「氏子地域」に含まれているのです。毎年10月の第3日曜日に行われる例大祭の時には、お神輿が我が庵近くまでちゃんと巡行してくれます。要するに筆者にとっての「氏神」になります。

しかし、プチ移住者は氏神様からどう扱ってもらえるのでしょうか（笑）。微妙な立場ではあります。まあ百歩（五十歩?）譲れば、「準氏子?」くらいにはしていただいても良いかもしれません（と勝手に決め込む）。

この神社、全国どこにでも見掛ける規模の、小さないわゆるローカル神社の佇まいですが、本殿・拝殿・鳥居・棟札及び石燈籠2基は、国の重要文化財に指定されている侮れない神社なのです。元々は、ここから徒歩約7分ほどの仁和寺の鎮守社であるとともに、近隣旧6か村（うち一つが太秦）の氏神でした。

七草粥は11時開始とのことでしたが、我が庵を10時に出たらだいぶ早く着いてしまい、境内にはまだ5、6人しか居ませんでした。狭い境内には避寒用のストーブを設置したテントが張ってあり、皆さんご近所さんで顔見知りなのでしょうか、火に当たりながら親しげに談笑しています。

境内でブラブラしていると……やがて本殿前で神事が始まり、筆者も氏子風？　の神妙な顔をして参列。神事は20分程で、11時頃に終わると皆、社務所へ入るよう言われました。この時点で2～30人程集まっていたでしょうか。社務所内は広い座敷になっていて、テーブルと座布団が用意されていました。入室した順番に座っていると、やがて本物？　の氏子さんだと思われる女性の方々が、お盆に載せた七草粥を一人ひとりの前に置いて「今日はよくお出でくださいました」と三つ指付いて挨拶していくのでした。

お粥の中にはモチも入っていて、お茶とピリ辛で柚子の香りがする大根の漬物も付いています。これが逸品！　言い忘れましたがこれらはすべて無料なのです。こちらはすっかり恐縮してしまいましたが、周囲を見回すと明らかに観光客らしい人も数名混じっていて「あの人達よりは正当性がある」と自分を納得させつつ、ありがたくいただいた次第です。

そそくさといただき終わって社務所を出てみたら、かなりの人達が次の順番待ちをしていました、無料ではあまりにも申し訳ないので、本殿の賽銭箱に改めてお賽銭を入れたのでした。

2月：節分祭

京都の歳時記サイト、つまり京都の年中行事を月別日ごとに列挙した一覧表を表示

福王寺神社の七草粥

しているインターネットのホームページがありますが、それらを見ると、京都のどこかで毎日のように祭りや行事が行われているのが判ります。そこには、原則「何月何日、どこで何と言う祭事がある」という形式で書かれているのですが、「どこで」が書かれていない場合があります。それは、その祭事を挙行する主体（多くは寺社）がとても多くて、一覧表には記入し切れないからです。

その最たる祭事は「節分祭」ではないでしょうか。

2月3日の節分行事は、日本各地、どこでも行われていますが、とくに京都は「祭事の宝庫」ですから、さすがに主なもの（比較的有名処）だけでも以下の通り、ざっと30以上もの寺社で催行されています。有名でない寺社も数えるなら、さらに増えます。節分の代表的な行事というと「豆撒き」になりますが、以下の寺社では、それ以外に各々、趣向を凝らした個性的な催し物を実施している処が多いです（ほとんどで共通しているのは、甘酒やぜんざい（お汁粉）の無料接待があることでしょうか）。

筆者は8年以上もプチ移住していますが、暑さ寒さに弱く、極寒の2月初旬はどうしても出不精になってしまうので、行ったことがあるのは以下のうち10か所ほどになります。

・鞍馬寺 節分追儺式 ・平岡八幡宮 節分祭 ・狸谷山不動院 狸谷節分祭
・天龍寺 節分会 七福神めぐり ・松尾大社 節分祭 ・下鴨神社 節分祭
・上御霊神社 節分祭 ・金閣寺 節分の不動堂開扉法要
・千本ゑんま堂 強運節分会 ・千本釈迦堂 おかめ福節分 ・北野天満宮 節分祭
・冨田屋 節分の豆まき（寺社ではないが比較的有名） ・遍照寺 節分会
・吉田神社 節分祭 ・清荒神護浄院 節分会 ・廬山寺 節分会 追儀式鬼法楽
・聖護院 節分会 ・須賀神社（交通神社） 節分祭 ・法輪寺（達磨寺）達磨節分会
・平安神宮 節分祭 ・誓願寺 節分会 ・日向大神宮 節分祭 ・毘沙門堂 節分会
・八坂神社 節分祭 ・壬生寺 節分祭 ・京都ゑびす神社 節分祭
・五条天神社 節分祭 ・京都地主神社 節分祭 ・六波羅蜜寺 節分会
・法住寺 節分会 ・伏見稲荷大社 節分祭 ・藤森神社 節分祭
・石清水八幡宮 鬼やらい神事 ・宇治神社 節分祭 ・宝積寺 星供節分会

※以上、北から南に列挙

廬山寺、吉田神社、聖護院、藤森神社、石清水八幡宮などは、青・赤・黄のぬいぐるみを着た鬼達が豆や法具によって、おもしろ可笑しく追い払われるコントでよく知られています。

とくに有名なのが壬生寺で演じられ、約700年の歴史があり、重要無形民俗文化財にも指定されている無言劇「壬生大念佛狂言（みぶだいねんぶつきょうげん）」です。毎年、節分・4月末から5月初旬・10月に上演されますが、節分には鬼を豆によって退治する演目「節分」が演じられます。

「節分」を観劇したことがありますが、無言劇ながら解りやすい、しかもユーモラスな動作で、今、何をしているのか、すぐに理解できるところは、700年の間に少しずつ改良が重ねられてきたのではないかと感じさせました。

その他、狂言・踊り・神楽・雅楽などの歌舞音曲を奉納する寺社も少なくありません。

盧山寺　節分祭祭のオニ

3月：ひな祭り

「桃の節句」は、一月の七草粥と同じ「五節句」の一つで、女の子の成長と幸せを願ってひな人形を飾りお祝いをします。京都でも様々な行事が行われます。とくに左記が有名です。

・上賀茂神社 桃花神事　・下鴨神社 流し雛
・宝鏡寺 ひなまつり　・市比賣《いちひめ》神社 ひいなまつり
・三十三間堂 春桃会《しゅんとうえ》　※以上、北から南に列挙

この中でも「宝鏡寺のひな祭り」における「春の人形展」が、とても興味深いのでご紹介したいと思います。

宝鏡寺は、江戸時代から皇女様が住職となる、いわゆる「尼寺（尼門跡寺院）」です。皇女様が主人なので、別名「百々御所《どどのごしょ》」とも呼ばれています。

皇女様が寺に入る、つまり「入山する時」は幼児の場合も多く、「あまりにもかわいそう（もちろん生涯独身。お供も無きに等しい）」と言うので人形を持って入山することが許されていました。

江戸時代初期の「後西《ごさい》天皇」の皇女様で「本覚院宮理豊《ほんがくいんのみやりほう》」女王という方が入山される時、「万勢伊《ばんぜい》さん」という、たいへん立派なお人形をお供に付けてもらいました。万勢伊さんには「おとらさん」と「おたけさん」という「お供の人形」の他、所帯道具一切（もちろんミニュチュア）も付属していました（万勢伊さん自身が遊ぶお人形というのも付いていている）。

第22代住職となった本覚院宮は、この万勢伊さんを生涯たいへん可愛がり一生を終えた訳ですが、その後、この人形は「中《なか》御門《みかど》天皇」の皇女、「光格天皇」の皇女と、三代の皇女方に愛され続け、最後には夜な夜な「百々御所」の「夜廻り」をするまでになったそうです（万勢伊さんは、自分のミニチュアのナギナタを持って夜回りした

宝鏡寺人形展入口

のでしょうか……）。

そして、人形展では、この「万勢伊さん」が見られるらしいとのことで行ってみたところ、「万勢伊さん」の他、「おとらさん」「おたけさん」、それに付属道具何点かが、確かに展示されていました（現在では、除霊されているので問題無いそうです）。宝鏡寺では、大切にしているそうです。

見掛けは普通の人形でしたが、なかなか高性能な人形とのこと。「三折《みつおり》人形」というタイプの関節を曲げられるお人形で、足を折り曲げればきちんと正座させることもできるようになっているそうです。

その他、各種ひな人形も展示されており、素晴らしいお庭もありました。もちろん女性がほとんどですが、男性も何人か居たので気が楽でした。

4月：お花見

京都に最も観光客が訪れるのは、「桜」と「紅葉」の時季です。

どちらも全国的に楽しまれている「行楽」ですが、桜のそれについては京都特有の景色があります。

筆者は関東地方に生まれ育ち生活していますが「お花見＝観桜」と言えば、ほぼ「ソメイヨシノ（幕末から明治初期に、江戸の染井村の造園師や植木職人達によって育成された）」の開花を愛で、その下で宴を催したりすることです。今日、ソメイヨシノは全国的に広く普及し、もちろん京都でもその数は多く、関東とまったく同じ「お花見風景」も見ることができます。

しかし関東が、「ほぼそれだけ」なのに対し、京都では、関東ではあまり見掛けない「枝垂《しだ》れ桜」の、昔から人間が育成している「群生スポット」が、たくさんあります。

枝垂れ桜にも、いろいろ品種がありますが「八重紅枝垂《やえべにしだれ》」や「紅枝垂《べにしだれ》」などが、最も華やかで可愛いく、とても見栄えがします。これらを一か所に数百本単位で、京都市内各所（神社仏閣、公園など）で見ることができます。最もすばらしく、誰もが感嘆・賞賛の声を上げる「醍醐寺」の枝垂れ桜を初めとして、空をも覆い尽くすような一面の八重紅枝垂桜が見事な「平安神宮神苑」も有名です。

他にも、円山公園、高台寺、嵐山公園中之島地区、天龍寺、半木《ながらぎ》の道から京都府立植物園、平野神社、仁和寺、龍安寺、二条城（桜の園、清流園）、上賀茂神社、原谷苑など枚挙に暇がありません。特徴的なのは、これらの中の大木には「銘」が付けられているものが、けっこうあることです。

我が庵から徒歩二十数分の広沢池の畔《ほとり》に、これらの枝垂れ桜を直接・間接に代々、見守り続けている「京都の桜守」いや「日本の桜守」として有名な第16代「佐野藤右衛門」さんの「植藤造園」があります。以前、テレビの特集番組でも紹介されていました。

その広い敷地には、たくさんの枝垂れ桜が植えられ、開花すると無料で一般公開されています。我が庵から行くと（このほうが早いので）、柵も無い敷地の裏側から入り込むのですが、オープンなのは園内だけでなく、ご本人もとても気さくな方で、お暇な時には来訪者達に自ら桜について解説して下さいます。筆者も親しくお話（雑談）させていただいたことがあります。

枝垂れ桜はソメイヨシノと違い、いつも

広沢池畔の桜と平安郷

見守っていないと割に枯れやすい品種です。佐野さんや多数の庭師が居る京都だからこそ、見ることができる光景なのだと思います。

それにしても、京都市内には枝垂れ桜が多く、大事にされてもいるのですが、枝垂れ桜は、枝の先端が地面に着きそうになるので、樹下で弁当を開き、盃を掲げるには、あまり適しているとは言えません。散策しながら鑑賞することになります（笑）

6月：夏越祓《なごしのはらい》

6月30日は一年間の折り返しに当たる日で、半年間の罪や穢れを払い、残り半年を無事に過ごせるようにと祈る神事です。元々は、宮中の年間行事のひとつでした。明治時代になって政府の布告（太政官《だじょうかん》布告）により催行が奨励されたこともあり、今では全国的な行事となっています。

またこの日は、小豆を載せ三角形の外郎《ういろう》「水無月」を食べる風習もあります。その形は氷を表しており、小豆は疫病を起こす悪魔を祓う意味も込められています。この日、市内のスーパーに行くと山のように水無月が積まれているのを見ることができます。最近では、関東地方でも売られるようになっています。

夏越祓の代表的な行事として知られているのが「茅《ち》の輪《わ》くぐり」です。茅の輪とは

「茅《かや》」という草で編んだ大きな輪のことで、これを神社境内（本殿前・鳥居の下が多い）に設置し、作法通りくぐることにより、無病息災や厄除け、家内安全、残り半年の無事を祈願します。6月30日より前から、数日間は茅の輪を設置しておいて、期間中いつでもくぐることができる神社が増えています。

大体、人がくぐる輪なので、その直径は2メートル程度のものが多く、3メートルを超えると「大茅の輪」と称したりします。熊本県天草市の「牛深八幡宮」の茅の輪は直径6・3メートルに及び、これが全国最大のようです。

京都でも下記のように多くの神社で、茅の輪くぐりや神事が行われます。

・貴船神社 夏越の大祓式　・上賀茂神社 夏越大祓式　・野宮神社 夏越大祓
・車折神社 大祓式　・平野神社 夏越の大祓　・建勲神社 夏越大祓式
・吉田神社 夏越大祓　・北野天満宮 大茅の輪くぐり 夏越の大祓
・白峯神宮 夏越大祓式　・護王神社 夏越大祓神事　・岡崎神社 夏越大祓
・熊野神社 夏越の大祓式　・平安神宮 夏越大祓式
・粟田神社 大祓式 茅の輪くぐり　・八坂神社 大祓式　・安井金毘羅宮 夏越大祓
・京都地主神社 夏越しの大祓祭　・新日吉神宮 夏越大祓
・新熊野神社 夏越の祓　・大石神社 夏越の大祓　・伏見稲荷大社 大祓式

・藤森神社 夏越大祓式　・城南宮 夏越の祓　※以上、北から南に列挙

この中で北野天満宮の「大茅の輪」は、京都最大の直径5メートルもあり、京都の夏越祓を代表する神社です（城南宮の茅の輪も直径5メートルありますが、これは車専用）。

北野天満宮は我が庵から近く、30分ほど（嵐電乗車）で着くのですが、6月24日、この大茅の輪の作製・取り付けが行われるとのことで、どうやってやるのか、見学に行ったことがあります。

午後4時になると、茅を束ねて竹に巻き付け長さ20メートル近くにしたものを白衣を着た10名以上の神職達が北野天満宮の大きな楼門まで担いで来ます。それを楼門入口に輪を作るように設置していくのですが、あまりにも大きいので、楼門にロープを3本通して釣り上げていきます。ところが釣り上げると楼門入口は四角形なので、茅の重量で角が折れ曲がり「輪」というより四角い茅の輪になってしまうところがご愛敬です。1時間ほど掛かって出来上がると、注連縄のロープを渡し、翌日まで通行厳禁となります。

翌朝、さっそく出来たばかりの大茅の輪をくぐってみようと、8時半ころ北野天満宮楼門前に来てみたら……あっと驚くタメゴロー（古い！）なんと茅の輪がボロボロ

に……みんなで茅をむしり取っているのです。もはや竹の骨組がムキ出しで、痛々しい姿に！　またその光景をテレビ局が格好のネタとばかりに撮影しているのです。

素材である茅を持って帰ると「厄除け」になるとか？　広まっている俗習なのですが、実は間違っているという説もあり、事実、北野天満宮では認めていません。9時より、御祭神の「菅原道真」公の御誕辰祭の屋外での神事が始まり、見学したあと、本殿横で頒布している茅の輪のお守り（350円）をいただき退出しました。

このあと、八坂神社の茅の輪くぐりに行ったのですが、茅の輪本体に「茅は絶対に抜かないでください」と書いてあったので思わず笑ってしまいました。

むしり取られる茅の輪

8月：お盆行事

京都のお盆行事で最も有名なのは、全国的にも知られている「京都五山送り火」でしょうか。よくうっかり「大文字焼き」と言ってしまい、冷笑を受けたりする行事です。

「五山送り火」は、お盆に帰ってきた精霊を送る伝統行事です。午後8時、最初に東山連峰の「①大文字山」の「大」の字が点火され、続いて反時計回りに、「②妙・法」「③船形」「④左大文字」、そして、嵯峨の「⑤鳥居形」と、順番に点火していきます、京の夜空に幻想的な炎の文字が浮かび上ります。

火を燃やすところを「火床《ひどこ》」と言いますが、大文字山の大は、第一画の長さが80メートル、第二画が160メートル、第三画が120メートルで、その文字上に火床が計75か所あります。1か箇所ごとに大谷石を置き、その上に薪を井桁に組んで積み重ね、その中に松葉を入れて火を着けます。

普段、大文字山の火床は開放されているので、ハイキング方々見に行ったことがありました。大文字山のふもとにある「銀閣寺」の総門脇から、大文字山頂への山道がスタートしています。火床は標高約320メートルの山腹にあり、約40分ほどで到着。京都市内が一望できる素晴らしい眺めです。火床は細長く切った大谷石を地面に2個平行に置いたものがずらっと文字の形に並んでいました。

火床は地元の各保存会が管理していて、大文字山の火床以外は非公開ですが、「妙」を管理されている「松ヶ崎立正会（西五町53世帯）」の理事長さんが、筆者も入会している「都草（※後述）」の役員だったので、そのツテで会員を募って見せて下さったことがありました。こちらの火床は大文字とはかなり違っていて、鉄板で作った約90センチ四方の底の浅いフタ無し箱を足台に乗せたものが、やはりずらっと文字の形に並んでいました。キャンプ場の鉄板のバーベキュー台にも似ていると思いました。

大文字は市街地のどこからでも見えるのですが、5か所全部を一度に見ることができるスポットは少なく、一度に多くが見える場所（個人の建物を含む）は、半ば秘密にされているような印象があります。なぜなら知られると人がどっと集まってしまうからです。たくさん見える私有地（どうも個人ビル屋上とか）に招かれた知人がいるのですが、口止めされているのか、絶対に場所は教えてくれませんでした……。

筆者も一度に3か所（大文字・妙法・船形）を賀茂川の「出雲路橋」という場所で見たことがありますが、もうすでに有名になっていて、ものすごい人出でした。

大文字の火床

9月：名月祭

「中秋の名月」とは、旧暦の8月15日の夕方に出る月のことです。

本来、旧暦の毎月15日の夜を十五夜と言いますが、現代では「中秋の名月」を十五夜と呼ぶのが一般的になっています。この十五夜を眺めて楽しむのが、古来より日本の風習となっています。

平安時代、中国から月を見ながら宴を催す文化が日本に伝わりました。始めは貴族の間で、杯に月を写したり、湖面に映る月を眺めたり、お月様を愛でる文化として広まりました。その後、この風習は京都の庶民の間にも広がっていきました。そのせいかバラエティーに富んだ観月会が多くの寺社で開催されています。

・上賀茂神社 賀茂観月祭　・京都府立植物園 名月観賞の夕べ
・下鴨神社 名月管絃祭　・松尾大社 観月祭　・大覚寺 観月の夕べ
・平野神社 名月祭　・妙心寺塔頭退蔵院 観月茶会
・白峯神宮 観月祭（献燈講祭）　・吉田山荘 観月会
・神泉苑 観月会　・八坂神社 祇園社観月祭
・無鄰菴 東山の名月を密やかにながめる会　・高台寺 観月茶会

・智積院 観月会　・萬福寺 月見の煎茶会　・長岡天満宮 名月祭
・向日神社 観月の夕べ　・勝竜寺城公園 名月の宴　　※以上、北から南に列挙

以上が主な有名処ですが、京都を代表する観月の催しのひとつと言えば「日本三大名月鑑賞地」「大沢池」を境内にもつ大覚寺の観月の夕べでしょう。

大沢池に近い、現在は「穴場的景勝地」となっている「広沢池」も、昔は月見の名所として貴族のみならず多くの人々に親しまれてきました。広沢池に掛かる名月を賞した多くの和歌や俳句が残っています。

現在、広沢池から大沢池に掛けては「歴史的風土特別保存地区」に指定され、広沢池は農林水産省の「ため池」百選に選ばれ、日本三沢の一つにも数えられています。ほとりには前記「4月：お花見」に書いた桜守「佐野藤右衛門」さんの「植藤造園」があります。

広沢池の対岸に「遍照寺山《へんしょうじ》」という山容の整った、なだらかないかにも雅《みやび》な印象を与える小山がそびえています。そして、遍照寺山の東麓には某宗教団体の施設で「平安郷」と名付けられた桃源郷のような広い平坦な庭園が広がっているのが見えます。この風景を満月が照らす様は、まさに「王朝風」と言う言葉を、そのまま絵にしたような、

まるで平安時代に来たかのような雰囲気を醸し出します。
我が庵から広沢池まで徒歩20数分、広沢池から大沢池まで約徒歩15分ほどでしょうか。春・秋の天気の良い日に、この観光客の少ない広沢池から大沢池がある大覚寺までの「歴史的風土特別保存地区」をブラブラと散歩するのは、筆者にとって実に至福の時になります。

大沢池には、平安貴族が池に浮かべ管弦の遊びなどをするのに用いた、平安時代の遊覧船とも言える二艘の龍頭鷁首《りゅうとうげきす》の舟が用意され、これに乗ってお月見ができるようになっています。とくに大沢池は池に映る満月の美しさに人気があり、多くの人が集まります。ですから舟に乗るための乗船券はすぐ売り切れてしまい、入手するのが困難なほどです。

神泉苑の「観月会」では、本殿「善女竜王社」での「観月法要」後、拝殿にて奉納演奏が上演されます。2016年、中国の楽器「二胡《にこ》」を弾いている知人が、奉納演奏をされるとのことで行ったことがあります。
神泉苑は平安時代には天皇のための広大な庭園でしたが、今は小さな池（法成就池）

になってしまいました。それだけに数十人ほどしか入れなくて、こじんまりとしたミニ・コンサートのようで、華やかな大沢池の観月とは正反対な、とても落ち着いた観月を楽しむことができたのでした。

大覚寺大沢池の明月祭壇と竜頭船

大覚寺大沢池の名月

11月：火《ひ》焚祭《たきさい》

11月に入ると、京都の各神社からは「お火焚き」と呼ばれる、江戸時代から主に京都地方で行われている神事の煙が立ち昇ります。一年間の収穫に感謝する行事で、境内で火を焚き、祝詞《のりと》の奉上や神楽の奉納を行い、神様をお慰めします。

11月下旬は太陽の力が一年で最も弱まる冬至の時期で、火焚祭は陽の光の復活を願ったことに由来するともいいます。

左記の各所で行われています。

・貴船神社 御火焚祭　・平岡八幡宮 お火焚祭　・広隆寺 聖徳太子御火焚祭
・車折神社 火焚祭　・建勲神社 御火焚祭　・京都ゑびす神社 お火焚祭
・新日吉神宮 御火焚祭　・花山稲荷神社御　火焚
・折上稲荷神社 御火焚祭　・伏見稲荷大社 火焚祭
・御香宮神社 御火焚祭　・城南宮 火焚祭」　・冨田屋 お火焚き

※以上、北から南に列挙

このうち我が庵から徒歩数分の広隆寺で、毎年、11月22日に実施される「聖徳太子御火焚祭」がユニークなので、リポートしたいと思います。

広隆寺は京都で最も古いお寺と言われ、平安京遷都以前から存在した寺院です。聖徳太子信仰の寺でもあります。それほど大きな寺院ではありませんが、仏像だけでも国宝9点、重要文化財36点も所蔵しています。

その中でも国宝指定第一号となった「弥勒菩薩半跏像《みろくぼさつはんかぞう》」が有名で、この像には有名なエピソードがあります。昭和35年、像を拝観していた京都大学の学生が突然、柵を乗り越え弥勒菩薩半跏像に触れて右手薬指を折ってしまうという事件が起きました。学生は文化財保護法違反の容疑で京都地方検察庁から事情を聴取されましたが、「何故そんなことをしたかよく解らない」と供述したそうです。それほど神秘的で不思議な魅力を放っている仏像です。

現在、広隆寺のご本尊はこの弥勒菩薩半跏像ではなく、本堂（上宮王院太子殿）の内奥の厨子内に秘仏として祀られている聖徳太子立像です。

この像は像高148センチ、太子33歳時の像で、下着姿の像の上に平安時代より現代まで天皇が即位の時に着用された黄櫨染御袍《こうろぜんのごほう》をこの像に着せる習わしが続いています。秘仏ですが1年に1日だけ、太子の月命日とされている11月22日のみ開扉（御開帳）されます。

筆者は2014年の御開帳に立ち合うことができました。この時、像が着ていた黄櫨染御袍は、当時の「明仁天皇（現上皇様）」より下された御袍でした。

御開帳は朝9時に行われるので、8時半に我が庵を出て、徒歩8分ほどで着いてしまいます。9時までに2、30人ほど集まったでしょうか。ほとんど近所の人（普段着で手ぶら）のようです。9時ちょうど、本堂に上がることを許され、皆、そろそろと本堂に上がります。ほぼ同時に、住職により内陣最奥に安置されている秘仏聖徳太子像が入った御厨子の扉が開け始められます。皆、かたずを飲んで見守ります。しかし、聖徳太子像は現れましたが遠くて暗くて良く見えません。扉を開け切ったところで「全員、お像の前に行って良い」と住職が言われたので、皆、自然に行列を作って、最奥へとそろそろ歩き、像の間近まで進むと住職が像の由緒など説明してくださいました。その後、ひとりずつ像の真ん前で、しばらく拝見しつつ、ありがたく手を合わせ本堂を退出したのでした。

この後、午後1時から「聖徳太子御火炊祭」が催されます。檜葉を積み上げた護摩壇に火が着けられ、大勢の山伏により数万の護摩木が焚かれます。

この時間でも、本堂に上って開扉された聖徳太子立像を拝むことはできましたが、住職による像の由緒などの解説はありませんでした。どうやら「あさイチ」の開扉時に行ったので、拝聴することができたようです。
この恩恵も近くにプチ移住していたお陰だと、ありがたく思いました。

山伏の護摩木護摩壇投入

師走：大根炊《だいこだ》き

「大根焚き」は京都の師走の風物詩になっています。

「冬至にカボチャを食べると風邪をひかない」という言い伝えは有名ですが、京都の多くの寺院では、師走の寒い時期に無病息災を願って、大根を油揚げと共に醤油で煮込んだものを振る舞います。他府県にはない珍しい慣習です。

その由来は寺院により異なっているのですが、興味深いことに、大根を煮て振る舞う点は共通しています。大根は昔から心身の解毒作用や中風・諸病除けに効くとされていたからという理由もあるのでしょう。以下の諸寺で行われています。

・岩倉：妙満寺　・宇多野：三寶寺（２０１９年で終了）　・鳴滝：了徳寺

・嵯峨：覚勝院（２０１４年で終了）　・上京区：千本釈迦堂　・新京極：蛸薬師堂

・嵐山：鈴虫寺　※以上、北から南に列挙

この他、東山：同聚院、戒光寺では11月、東山：法住寺では１月、大原：三千院では２月に開催されています。

筆者はこのうち、大原：三千院、宇多野：三宝寺、鳴滝：了徳寺、嵯峨：覚勝院、上京区：千本釈迦堂、東山：法住寺、東山：同聚院の7か寺の大根焚きを食べに行ったことがあります。

どちらも基本形は同じですが、具や調理法が微妙に違っているところが楽しく面白いところです。千本釈迦堂や覚勝院の大根焚きは、ご本尊に供えられ、梵字が書かれた大根を煮込んでいました。三宝寺のものは、出汁や醤油で一昼夜煮込んでいるのだそうです。

大根焚きの発祥とも言われている了徳寺は、我が庵から徒歩15分ほどで、前述の10か寺のなかでは最も近所にあります。プチ移住を始めて最初に訪れた大根焚きでした。

大根焚きと言えば了徳寺が代名詞のようになっており、毎年、この時期になると関西のテレビ・ニュースでは、この了徳寺や千本釈迦堂の大根焚きの様子が流れます。筆者が訪れた日もちょうどＫＢＳ京都の取材が入っており、アツアツの大根をフーフー言いながら食べている間、筆者のとなりの人がインタビューに答えていました。こちらは一心に食べている最中だったので、テレビ局は別の場所に行ってしまいました。危ないところ？　でした。

三宝寺大根焚き調理中

三宝寺の大根焚き

② 京都三大祭おもしろ・レア情報

ここで述べることは、前項「①京の風物詩レポート」に書いても良かったのですが、京都の三大祭なのでより多く書きたかったし、ちょっとお得なレア情報も含むので、別項としました。

5月：葵祭

葵祭は、約1500年前に始まったとされ、もともとは「賀茂祭《かものまつり》」と称されていて平安時代の源氏物語にも出てきます。江戸時代に祭が再興されてから葵の葉を飾るようになり「葵祭」と呼ばれるようになりました。

下鴨神社（賀茂御祖神社《かもみおやじんじゃ》）と上賀茂神社（賀茂別雷神社《かもわけいかずちじんじゃ》）の例祭であり、祇園祭・時代祭と並ぶ京都三大祭のひとつです。

この葵祭と7月の祇園祭の期間が、プチ移住の最も威力を発揮する時ではないかと考えます。それは、葵祭の全貌を見ようとしたら15日間、祇園祭のそれは1か月間必要だからです。

　どちらの祭りも「巡行」が中心、つまりメインなのは確かです。巡行とは「御輿や山車や行列が、一定のコースを順に回ること」を指します。

　葵祭では5月15日に、およそ8キロの距離を、総勢約500名の平安装束をまとった人々が練り歩く、つまり巡行「路頭《ろとう》の儀《ぎ》」が開催されます。一般的には、この路頭の儀を葵祭と称しています。

葵祭の前儀

　ですが、巡行に先立つ「前儀」という関連・前行事がたくさんあります。

　祇園祭については、このあと述べるとして、葵祭では路頭の儀の前に、下記の諸前

京都御所堀横を発進

儀が行われます。

・5月1日　上賀茂神社・競馬足汰式《くらべうまあしそろえしき》

5日の競馬神事のために、出場する馬を試走させ調子を見て、取り組み表を作るものです。騎乗者の衣装も本番さながらで、予行演習に近いです。

・5月3日　下鴨神社・流鏑馬神事《やぶさめしんじ》

乗馬したまま糺の森の馬場を疾走し、100メートル間隔に3か所に立てられた的を弓矢で射抜いていきます。

・5月4日　上賀茂神社と下鴨神社が交代で行う、斎王代《さいおうだい》・女人列御禊神事《にょにんれつみそぎしんじ》

葵祭のヒロイン「斎王代《さいおうだい》」以下、女性の参加者40名の「禊《みそぎ》」が行われます。

・5月5日　下鴨神社・歩射神事《ぶしゃしんじ》

葵祭りの安全祈願して、弓を鳴らしたり矢を射たりします。

・5月5日　上賀茂神社・賀茂競馬

5月1日の足汰式で出走が決まった馬が2頭づつ、どちらが早いか競争します。

・5月12日　下鴨神社・御蔭祭《みかげまつり》

そして、毎年5月15日に「路頭の儀」「社頭の儀」が挙行されます（雨天順延）。

これらを全部見物しようとするなら、当然、プチ移住することが有利となります。

神秘的な御蔭神社の「御蔭《みかげ》祭」

以上の前儀のなかでも御蔭祭は、とても神秘的な「祭り」と言うよりは「神事」と言ったほうが適切かと思います。

この祭りは、比叡山の山麓にある八瀬「御蔭神社」において、「荒御魂《あらみたま》」という御神霊を新たに生成する神事（秘儀）で、この新たに生まれた荒御魂を下鴨神社まで運び、今まで下鴨神社の御神霊であった「和御魂《にぎみたま》」と合体させ、力をよみがえらせた御神霊が葵祭の主祭神となります。これを毎年、繰り返します。

すなわち、下鴨神社の主祭神は「毎年新しくなる・再生する」と言っても過言ではありません。

筆者はこの御蔭祭を見に行ったことがあります。「見に行く」と言っても秘儀なので、荒御魂を生成する神事を見ることはできません。それなのに2、30人ほどの見物人が来ていて、見えないように本殿前を囲んだ幔幕の下から何とかして見ようとする人もいるのが微笑ましく思いました。

秘儀が終わると（秘儀なのに）見物人達には美味しい御神酒が振舞われます。そして、荒御魂を御蔭神社から下鴨神社まで運ぶ行列は、日本最古の「神幸列《しんこうれつ》」として知られています。神幸列とは「神様を捧げ持って運ぶ行列」のことを指します。ちなみに、日本各地で行われる神輿《みこし》や山車《だし》が登場する祭礼のほとんどは、神幸列（祭）の一種といえるそうです。

葵祭の花形、斎王代・勅使代

かつて、賀茂神社に「御杖代《みつえしろ》（＝みこ）・斎院」として仕えるために皇室から差し出された未婚の内親王・女王のことを「斎王《さいおう》」と言います。

現在では、毎年新規に選ばれる京都市内の未婚の一般女性が斎王の代わりを勤め、路頭の儀に参列します。この人は斎王の代理なので「斎王代」と呼ばれています。一般女性と言っても、2000万円以上の自己負担が必要なので、京の資産家などの令嬢しかなることができません。

華やかな斎王が祭りの主役と思われがちですが、主役はその昔、祭りを主宰する行列中の最高位者「四位の近衛中将」が務める「勅使」です。源氏物語【葵の巻】の中で、光源氏が勅使を務める場面が印象的です。

現代では、近衛中将は存在しないので、掌典職（天皇の使用人）が勅使として派遣され、宮内庁の高級官僚が「勅使代（近衛使）」を務めます。

勅使代・斎王代以外の行列参列者は、関係者からの推薦に加え、アルバイトでも募集しています。募集対象は、京都市内大学を中心とした男子学生たちです（日給６７００円、昼食付）。

どこで見物するのがベストか

葵祭は巡行距離が長く（京都御所〜下鴨神社〜上賀茂神社）、朝から夕方まで昼休憩を挟んで長時間掛かるので、途中、いろいろな「見どころ」も多いです。

どこで見物するのがベストか、人によりいろいろ意見があると思いますが、筆者は、出発時、京都御所の塀脇で観覧するのが、平安時代さながらに最も美しいと感じています。

葵祭（路頭の儀）は、正確には、京都御所の「建礼門」前を10時半に発進します。紛らわしいのですが、京都御所は京都御苑の中にあります。

10時半に発進した行列は、10時50分に京都御苑の「堺町御門」から出て、一般公道(丸太町通)に入り行進していきます。

葵祭のルート

【午前】京都御所：発（10：30）→堺町御門：通過（10：50頃）→丸太町通→河原町通→下鴨神社：着（11：40頃）

【午後】下鴨神社：発（14：20）→下鴨本通→洛北高校前（14：40頃）→北大路通→北大路橋（14：55頃）→賀茂川堤→上賀茂神社：着（15：30頃）

ちなみに建礼門前から堺町御門に掛けて有料観覧席（1席2700円［2020年時］）が設置されています。

10時半に発進ですので、9時半頃から衣装や化粧や持ち物など準備万端完了した行列参列者が、パラパラと京都御所から出て来るのです。

そして、御所の長い塀脇に、巡行通りの行列を作り始めます。

そして、10時半少し前になると、作られた行列はあたかも舞台に出る役者のように、公式スタート地点である建礼門前に向かい、そのまま止まることなく有料観覧席前を通り抜け堺町御門から出て行きます。

この御所の長い塀脇は、行列参列者だけでなく、我々ただの見物人も朝から居ることができます。ただ行列参列者と見物人の間にはロープを張って分け、混在しないようにはしています。

しかし、見物人は多くはなく、動かない行列参列者をじっくりと観察することができます（こちらは行列の前後方向には自由に動けます）。しかも行列参列者に会話や質問することも可能です。「その持っている物はなんですか？」と聞いたら説明してくれました。

やがて至近距離に待機していた行列は静々と進み始めます。

この時、行列の向こう側は御所の長い塀で、御所内の松の大木が塀の上に茂っています。まるで平安時代の映画のロケをしているようで、とても現代とは思えません。

実は、この行列の向こう側が大切で、この場所（御所の長い塀）以外は向こう側に現代人・民家・商店・ビル・車が見えてしまうのです。有料観覧席でさえ行列の両側が有料観覧席ですから行列の向こう側に現代人がずらっと居並んでいるのが嫌でも目に入ってしまいます。

河原町通などは、大きなビルや交通量が多い道路の片側をパレードするのでやや興覚めします。

さらにスタート直後ならば「化粧崩れ」が皆無です。昨今は、地球温暖化の影響で5月15日でも晴れていればかなり暑くなります。行列参列者の多くは徒歩ですから、下鴨神社や上賀茂神社に着く前には、汗で顔面が可哀想な状態になっている人も散見されます。とくに平安時代の華麗な衣装を身にまとった女人列（女性の行列）はたいへんだと思います。

以上、数々の理由により、筆者は、路頭の儀は、出発時の御所の長い塀脇で観覧するのがベストだと考えています。それにしてもこのような良い場所があまり知られていないのが不思議です……。

※なお、5日から12日まで1週間、間が空きますが、左記の祭りも開催されています。

・8日　吉田神社 山蔭祭、
・第二日曜日　新日吉《いまひえ》神宮 神幸《いまひえ》祭、
・第二日曜日　須賀神社 神幸祭
・9日　菅大臣《かんだいじん》天満宮 例祭と狂言
・10日　安井金比羅宮 春季金比羅大祭

7月：祇園祭

祇園祭は京都三大祭の一つであると共に日本三大祭の一つでもあり、我が国を代表する「祭りの王様」のような存在です。

八坂神社の例大祭で、7月1日の日の吉符入《きっぷい》りから、31日の疫神社夏越祭《えきじんじゃなごしさい》で祇園祭の終了が宣言されるまで丸々1か月続きます。

この1か月間、祇園祭に付帯する祭りや行事が毎日のように続きます。これらすべてが祇園祭で、毎年、テレビ・ニュースで流れる「山鉾巡行」だけが祇園祭ではありません。

現在、山鉾巡行のみ脚光を浴びていますが、本来、祇園祭は八坂神社の「神輿渡御」が中心で、これに山鉾が伴うという位置付けになっています。

なお、山鉾巡行は、本来、前祭（17日）と後祭（24日）に別れていましたが、1966年、17日に合同で行われるようになりました。しかし2014年、24日の後祭が復活。本来の祇園祭の姿に戻りました。

※山鉾は山車《だし》の一種で、「山」は、屋根に木（松）が生えているもの。「鉾」は、中心にそびえ立つ木にシンボルが掲げられている。

最もプチ移住冥利？　に尽《つ》きるのは、祇園祭の数々の付帯祭事を見物できることは当然ですが、山鉾の組み立てから完成した山鉾の「試し曳き」まで、一貫して見物、及び体験できることではないでしょうか。

祇園祭の山鉾は、大きなパラソルのような小型なものから、大は総重量12トンに達する大型のものまで全部で34基あります。

何トンもある山鉾でも、巡行日の1週間ほど前から、材木のような部品を釘を1本も使わず荒縄で何重にも縛り上げて組み上げていきます。この作業を「鉾《ほこ》建《た》て」と言います。

最初は木の骨組み（「やぐら」という）だけですが、真ん中に長い柱（真木という）を立て、屋根を付け、車輪を嵌め込み、最後に「懸装品」と呼ばれる絢爛豪華な絨毯（欧州製品もある）などの織物を骨組みに巻き付けると「動く美術館」とも称される美しい山鉾が出来上がるのです。

公道上で行われる、その組み上げていく作業を毎日見て回るのは祇園祭の楽しみのひとつになります。

そして山鉾が完成すると、問題なく動き正しく進むか、巡行日当日、本番そのままの完全フル装備で「走行テスト」します。山鉾上で祇園囃子を演奏し続ける「囃子方《はやしかた》」も同時に山鉾に搭乗し「リハーサル演奏」をします。これを「お曳き初め」と言います。

お曳き初めの主力は主に、観光客も含む我々一般の人達が行います。お曳き初めが始まる時に、その場に居さえすれば、子供から老人まで誰でも飛び入り参加することができます。

祇園祭において、祭りの主催者側がするような作業の一端を我々一般の人達も担えるのは、おそらくこの時だけでしょう。

筆者もお曳き初めに参加したことがありますが、なかなか本格的なテストで、思っていた以上に長距離を曳き（曳かされ）、真夏のことゆえ汗だくになるほどでした。こうして不具合が確認された場合、すぐに停止して調整したりします。

「音頭取《おんどと》り」と称する、山鉾の前に立ち扇を持った2人の男の「エンヤラヤー」の掛け声と、扇を前に思い切り突き出す独特の仕草で発進、つまり山鉾を引っ張り始めますが、数百年の間に洗練されていったのでしょうか。初めての参加者でもどうすれば良いか？すぐに理解できる所作だと、実際に曳いてみると実感するのでした。音頭取りを見ながら曳いていると、停止の合図も自然に判るのでした。

あまり良い例えではないかもしれませんが、音頭取りが馬車の御者で、曳いている我々人間が馬のように思えてくるのが不思議でおもしろ可笑しく思えました。

祇園祭は、この山鉾行事だけではありません。

八坂神社の神輿行事も、ほぼ平行して行われます。「神輿洗（神輿を洗い清める）」が2回、「神輿渡御2回、（神幸祭・還幸祭）」が主な神事となります。

さらに山鉾巡行日の4日前から「宵山」が始まります。

以上が祇園祭のメイン祭事と言えますが、他に我々一般人が参観できる付帯行事として「お迎え提灯」「稚児・久世稚児社参」「屏風祭」「花笠巡行」「伝統芸能奉納」「石見神楽奉納」「日和神楽」などが催されます。

さらに「各社七夕祭」「松尾大社・御

山鉾のお曳き染め（スタート直前）

田祭」「下鴨神社・御手洗祭」「各寺きゅうり封じ」「伏見稲荷大社・本宮祭（宵宮祭）」「三宝寺・ほうろく灸祈祷」「真如堂・寺宝虫払会」「安楽寺・鹿ヶ谷かぼちゃ供養」「狸谷山不動院・千日詣り火渡り祭」など、祇園祭以外の寺社のユニークな祭事もあります。

こうしてみると7月の京都は、とくに祭事が多い月と言えましょう。

この期間こそ、プチ移住が最も威力を発揮する時ではないかと考えています。実際、筆者の知人で「祇園祭ファン」の女性は、何日もホテルに居続けて祇園祭の祭事を楽しんでいらっしゃいました（過去形なのは、最近、京都に転居されたからです）。

10月：時代祭

時代祭は京都三大祭のなかでは、最も新しい祭りです。平安遷都1100年を記念して1895年に創建された「平安神宮」の落成祝賀パレードとして企画されたのが、第一回の時代祭で、以後、例大祭となりました。

前記、五月の葵祭（路頭の儀）に似て、昔の装束を着て市中をパレードしますが、葵祭が平安時代の装束だけなのに対し、時代祭は、幕末の山国隊の奏する笛・太鼓の音色を先頭に、明治維新時代から平安京の造営された延暦時代に遡って、厳密に時代考証された衣装を着て（ここがただの仮装行列と違うところ）、京都御所から平安神宮まで巡行します。

行列に参列する人数は、葵祭は約500名ですが、時代祭は約2000名にもなります。

全長約2キロメートル、約3時間近くも続く行列は「生きて動く風俗博物館」とも称され、京都の秋を代表する祭となっています。

時代祭の行列は、京都全市域からなる市民組織「平安講社（全社）」によって運営されており、平安講社が2000人に及ぶ行列参加者（市民）を集めています。

元々、平安講社は、平安神宮の管理と保存のための市民組織として作られ、その記念事業として「時代祭り」が始められたという経緯もあります。

見物のアナ場（一）

行列の規模は時代祭のほうが葵祭よりずっと大規模ですが、巡行距離は葵祭（約8キロメートル）よりは短く、毎年10月22日時に京都御苑内の京都御所「建礼門」前を発進、平安神宮に向かいます（約5キロメートル）。

時代祭も葵祭と同様に建礼門前がスタート地点になります。発進は時代祭のほうが1

時間半遅い時刻になりますが、葵祭と同様、行列参列者達は京都御所周辺に集まります。

葵祭と大きく違う点は、葵祭の行列参列者達は京都御所の塀沿いに、見物客とは明確にロープで分けられてしまいますが、時代祭の行列参列者達は10時頃から建礼門以南の京都御苑内の広範な区域に集まり待機します。この時、ロープで仕切られることもなく、我々、見物人も共存することができます。

何しろ、平安時代初期から明治時代までの厳密に考証された装束を纏《まと》った2000人にも及ぶ人達がたむろしている中に入ると、一瞬、過去にタイム・スリップしたかのような不思議な気分になってきます。

ですが、食事をしたり、記念撮影をしたり、付き添いの家族と歓談したりしている行列参列者も散見されます。その間を日本人・外国人観光客、アマチュア・カメラマン、など多数の現代人がウロウロし始めて、まさにカオスの様相を呈します（コロナ禍前）。

行列参列者も見物人も混在してしまっているので、行列参列者にかなり気軽に声を掛けることができ、質問や撮影をお願いすることも可能です。

華麗な衣装を着た女官群を、通称「カメ爺（写真撮影が趣味の中・高年者）」達が取り囲んで、熱心に撮影していたりしています。

その他、多数の飾り立てた馬や牛、馬車などの乗り物、付属道具類なども目を楽しませてくれます。

10時半からは、建礼門前に平安神宮のご祭神である桓武天皇と孝明天皇の御霊代《みたしろ》を遷《うつ》した鳳輦を安置し「行在所祭」が行われます。

見物のアナ場（二）

その後、12時に行列が規定の順番通り、京都御苑「堺町御門」を出て行き「丸太町通」に入ります。

丸太町通から烏丸通→御池通→河原町通→三条通→神宮道と進み、平安神宮に入って終了します。

この間、筆者が最良の見物場所だと思うスポットがあります。

行列が京都御苑を出て丸太町通に入ったら（12時15分頃）、すぐに近くの地下鉄「丸太町駅」より乗車し「東山」駅で降り、ゆっくり昼食を摂ります。14時少し前、三条通と神宮道の交差点で待っていると、14時10分頃、行列の先頭から整然と行進する様を巡行中、最も至近距離（2メートルほど）で見ることができます。それほど混まないので「見物場所のアナ場」と言えます。

京都御所・建礼門前出発（12：00）→堺町御門（12：15頃）→烏丸丸太町（12：30

頃）↓烏丸御池（12：50頃）↓河原町御池（13：20頃）↓河原町三条（13：30頃）↓三条大橋（14：10頃）↓三条神宮道（14：10頃）↓平安神宮（14：30頃）

時代祭は葵祭や祇園祭のように、プチ移住のメリットが生かせるような巡行日の前後の付帯祭事はとくに無いのですが、見応えある大祭であると言えましょう。

第3章　プチ移住ならではの楽しみ方

京都に住まいを持つ利点

京都に住まいを持つことの最大のメリットは何かと言えば「いつでも好きな時に行って、好きなだけ（自分の都合が許す限り）泊まれる（滞在できる）」ことにあるのではないでしょうかと言うと、田舎にセカンド・ハウスを持っている人は「そんなこと当たり前ではないか！　なぜそれがメリットなの？」と思われるでしょう。京都においてはこのことが意外にも大いに価値があることなのです。ここが、田舎のセカンド・ハウスに通うのと違うところです。

前述しましたように、京都には「映える（観光）シーズン」というものが際立って存在します。2、3泊の小旅行でも2週間のプチ移住でも、そういう時期に在京する機会が多いことに変わりありません。また観光シーズンは、年間を通してちょくちょくあります。それらを総計するとかなりの日数となります。この期間は、様々な宿泊施設の予約が取りづらく、また宿泊料金も高くなる傾向にあります。

最も顕著な例は、11月20日頃から10日間ほどの紅葉シーズンでしょうか。この10日間、ホテルなどで在京したとするとかなりの金額になります。実際に 月末の金・土曜日で普段の10倍! の宿泊料金になったという実例があります。桜のシーズン(やはり10日間ほどか)、年末年始(6日間ほど)も、これほどではないにしろ紅葉シーズンに準ずる状況となります。しかも、かなり前から予約する必要があります。

さらに、紅葉やお花見は自然現象ですから、ベスト・シーズンが毎年大なり小なり変化します。とくに2021年は全国的に観測史上最も早い桜の開花記録が続出、京都も3月16日開花、26日満開で、なんと観測史上(過去1200年中)1位の早さでした。平年より1週間ほど早かったので、早々と予約を取っていた人の多くはベストの状態を観ることはできなかったでしょう。筆者は3月16日の開花日に、満開予想日は24日と同時発表があったので、入京日を急遽23日に変更し、ありがたいことに満開の桜を観ることができました。前年の2020年春は、コロナ禍第1波で自宅に籠っていたので、とくにうれしく思いました。

低廉な経費で、これらの利点を享受できるわけですが、その他の利点としては、

①軽装で往復できる（通常の旅行で持参するようなものは、住まいに置いておけば良いので、女性はハンドバッグだけでも可能）

②自炊ができる（狭いながらも自宅の延長に近く、食費や光熱給水費など自宅とほぼ同じで、これらは滞在中、自宅では発生しない）

③余裕をもった行動ができる（1日のスケジュールを詰め込まなくても済むので、例えば強い雨が降ったら外出しなくても良い）

④いつも同じ部屋なので安心感がある（どのような宿泊施設でも、毎回、同じ部屋とは限らない。むしろ違う場合が多い）

デメリットというほどではありませんが、多少面倒なのは自宅の延長ですから、掃除・洗濯が必須となってきます。日々の掃除は部屋が狭いのでゴミが落ちていたら取り除くくらいで済みますが、本宅（自宅）に帰る日は、部屋のモップ掛け、トイレ、風呂、キッチンなどの掃除に1時間弱ほど掛かります。洗濯は、徒歩2分のところにコインランドリーがあるので、前回滞在中に使用したシーツやバスタオルを今回滞在中1回、洗濯に行きます。肌着の洗濯はバスタブでやってしまい、外に干します。

【ポイント】

・プチ移住は、いつでも好きな時に行って、好きなだけ泊まれる
・観光シーズンは宿泊施設の予約が取りづらく、宿泊料金も高くなる傾向
・観光シーズンは、合計するとかなりの日数となる
・プチ移住は、一年中、同額家賃
・紅葉やお花見のベスト・タイミングを予測するのは難しい
・プチ移住には、いろいろなメリットがある
・帰る時には、後片付けが必要

観光旅行との違い 名所旧跡の拝観から祭・行事の観覧・参加へ（モノ見物からコト見物へ）

名所旧跡の拝観

いろいろな数え方がありますが、一般的に京都市内には約1600の寺院と約300

の神社があるといわれています。しかし、これらすべてが公開されているわけではありません。年間数日だけであっても、とにかく誰でも拝観できる寺社は有料・無料を含め、この内250か所程度と数えられます。これら寺社の他、拝観できるのは、京都御苑を始め、二条城、公私の庭園や建物、建造物（モニュメント）、公園など多数。美術館・博物館も多いです。

ちなみに、京都市は市内のこれら名所旧跡に「名所説明立て札」を増設しています。由緒などを将棋の駒の形をしている板に記しているので、これを通称「駒札《こまふだ》」と言います。2016年度から5年間で250基を新設する事業を進め、終了時には750基ほどになるとのこと。その他、私的に設置された駒札もあり、その総数は把握し切れないほどです。中にはわざわざ見に行くほどではない無名に近い名所旧跡もありますが、つまりそれほど見るものがある、ということも言えると思います。

言うまでもなく、これらはすべて「モノ（ハード）の見物」になります。

現在、京都人気観光地ランキング（2022年 tripnote 調べ）の1位は清水寺、2位は金閣寺、3位が伏見稲荷大社となっています。普通、京都の観光旅行というと、2、3泊でこれらのモノ（ハード）を観て回るツアーが最も多数を占めます。

祭や行事の観覧

プチ移住においても、当然、これらの名所旧跡を逐一見て回ることになります。

それは京都を知る基本とも言うべき行為で、筆者も拝観可能な処は大体見てきましたが、京都には膨大な名所旧跡の他に、膨大な「祭・行事」という大きな「見どころ（観光資源）」があります。その総数はどのくらいあるのか、１９９３年集計の「全国神社祭祀祭礼総合調査」では、京都市内３０１の神社のうち２３７を調査したところ、２２０１の祭り（行事も含む）が行われていたそうです。これは神社だけの調査で、京都には、神社以上の数の各宗派の寺院があり、こちらでも毎月幾つもの行事（法要）が行われています。

インターネットの「京都の祭・行事カレンダー・サイト（歳時記サイト）」などを見ると、毎日のように祭・行事の予定が掲載されています（月毎の祭・行事リストを巻末に掲載しました）。「京都は、いつもお祭りばかりやっている」と揶揄《やゆ》される所以《ゆえん》です。

また、京都の祭りや行事（以下、祭事）は、全国の祭事の元になったものも少なくありません。5月の葵祭、7月の祇園祭、10月の時代祭は京都三大祭りとされていますが、祇園祭の「山鉾」は、全国の神社祭礼の「山車」の原型になったとされています。葵祭のパレード（正式には「路頭の儀」という）は、古くからの「神幸列（神様を奉戴して歩く行列）」で、神幸列は全国神社でも行われています。葵祭の前儀式である「御蔭祭《みかげまつり》」は、六世紀には行われていた我が国最古の神幸列といわれています。時代祭は1985年に始まった比較的新しい長大な神幸列と言えましょう。「お神輿のお練り」も神幸列の一種であり、京都で発展して全国に広まりました。

寺院も、京都には各宗派の本山があるので、その法要は壮麗で、とくに開祖の生誕〇年記念法要など華々しく催されます（信徒でなくとも、概ね観覧可能）。非公開にされている祭事も少なからず存在しますが、逆にたいへんユニークな面白い祭事を一般公開している寺社も多いです。

これらを観覧しない手はありません。これらは「コト（ソフト）の見物」ということになります。

ところがです……。

名所旧跡は、大体、一年中いつでも自分の都合の良い時に行って拝観することができます。しかし、祭事というのはあらかじめ日程が決まっています。観るのであれば、こちらがその日に合わせなければなりません。この祭事見物にプチ移住が威力を発揮します。滞在期間中に祭事日が入るよう調整すれば良いのです。

また、京都の祭事は「前儀・前祭」→「本儀・本祭」→「後儀・後祭」のように、長期間続く祭事もあるので、プチ移住ならすべてをカバーすることも不可能ではありません。ただし、祇園祭だけは7月1日から31日まで、数々の祭事が行われるので、2週間程度のプチ移住だと2年を費やさなければなりません。

京都の5つの花街が催す「都をどり」「京おどり」「鴨川をどり」「北野をどり」「祇園をどり」なども、期間限定の年中行事と考えて良いと思います。

祭や行事に参加

本来、祭りや行事というのは地元のもので、神社の氏子さん達により催行され、観光客つまり外来者はギャラリーとして観覧できるだけですが、その数は多くないものの、地元以外の外来者も参加させていただける祭りもあります（基本参加費無し、参加記念品が授与されることもあり）。

京都の祭りを実際に体験できることは、貴重な経験と言えるでしょう。

筆者が推奨するこれらのリストを巻末に掲載しました（事前に参加希望の連絡が必要な場合もあり）。ぜひ参加してみてください。

文化財の特別公開

「コト見物」ではありませんが、予め日程が決まっている「モノ見物」もあります。これが「京都非公開文化財特別公開」です。つまり「モノ見物」ではあるのですが、普段は観ることができない仏像・建物・庭園などの文化財をある一定の期間だけ公開する、一種の催事です。京都非公開文化財特別公開は文化財の公開により、文化財愛護の関心を高める目的で、1965年から始まった事業です。

京都ではこの特別公開が1年を通して、あちらこちらでかなり実施されています。まず、年中行事のようになっているのが「京の夏の旅」と「京の冬の旅」です。

これは、観光客が減少する夏や冬に、普段は非公開にしている文化財をこの期間だけ拝観できるようにして、観光客を呼び込もうという観光振興策の一端でもあります。2022年で冬の旅が56回目、夏の旅が47回目になります。夏の旅は、毎年、ほぼ7月初旬から9月30日、冬の旅は、1月初旬から3月下旬の間、実施されています。特別公開される文化財の数は、その年によって多少変化しますが、平均十数か所ほどでしょうか。

この他にも、ゴールデンウィーク中を中心に開催される小規模な特別公開（春期特別公開）、修復工事終了記念など各寺社が折に触れて実施する特別公開も少なくないです。
2、3泊の旅行で、これらを拝観するには何回も京都に行かなくてはなりません。
プチ移住なら滞在期間中に、ジックリと続けて多くを拝観することができます。

博物館、美術館の見学

2021年3月現在、京都市内には、200以上の博物館、美術館、資料館、動物園、植物園、水族館などの見学施設が存在します。京都の文化や歴史に関連する施設が多く、企画展や特別展が期間限定で頻繁に開催されています。これらも見逃せません。常設展は、休館日（月曜日が多い）でなければ、こちらの都合でいつ行っても見ることができますが、企画展や特別展は開催期間中に合わせなくてはなりません。

催し物（イベント）

昔から続く祭りや行事以外の、近年行われるようになった催し物を指します。

最も人を集めるのは「夜間ライトアップ」でしょうか。桜や紅葉の時期、京都市内の寺社は「夜間特別拝観」と称して、午後5時頃から8時頃まで、昼間と違った幻想的な光景を見ることができ、若い男女に人気があります。

ライトアップに似た催しとして、2003年3月から東山地域、2005年12月からは嵯峨・嵐山地域で始まった「花灯路」があります。道路脇に、情緒ある露地行灯（ろじあんどん）を並べ、やはりファンタスティックなそぞろ歩きを楽しむイベントです。どちらも10日間開催されます（残念ながら、東山花灯路は2021年12月をもって終了しました）。

草花を愛でる（自然の変化を楽しむ）

前述の「名所・旧跡の拝観」は、具体的には仏像・所蔵物・庭園・建築物などを観ることです。そこには「国宝」や「重要文化財」も数多くあり、一度、拝観しただけでも有意義ですが、「一度観たので、そこには二度と行かない」というのは、いささか勿体ないと言わざるを得ません。

「花の都」と言えばフランスのパリ、あるいはイタリアのフィレンツェが有名ですが、庭園が多い京都も園芸文化が盛んで、花の都と称しても良いのではないかと思うほど、市内各所に各種の植物を目にすることができます。

京都の名所、とくに寺社は境内が広く、自然の豊かな場所が多いです。多種多様な四季の花々が季節ごとに咲き、その都度、拝観する楽しみがあります。

例えば、京都屈指の紅葉の名所「東福寺」や「永観堂」は、新緑の頃、盛大な青紅葉を楽しむことができます。本殿が国宝の「北野天満宮」は、梅花の名所として有名ですが、紅葉の名所でもあります。「平安神宮神苑」は「紅枝垂桜」の名所ですが、杜若《かきつばた》や睡蓮も見事です。とくに、桜と紅葉は京都を代表する花と言っても良く、両方を鑑賞できる寺社は多いです。その他、「椿の霊鑑寺」「しだれ梅の城南宮」のように特定の草花を育て、見せている寺社も少なくありません。

また、特筆すべき施設として「京都府立植物園」があります。日本で最初の公立植物園として1924年（大正13年）に開園しました。面積24万㎡の広大な敷地にテーマ別に約1万2千種類、約12万本の植物が植えられており、日本の植物園ランキングの第1位となるほど優れた植物園です。このことからも京都の植物を大事に育て愛でる文化を感じることができます。

これらをピンポイントでベストな日をずっと前から狙うのは「賭け」のようなものです。プチ移住してこそ、ベストな状態を愛でることが可能です。

京都から近隣の名所旧跡へ

京都も観光資源がたくさんありますが、隣県である奈良県や滋賀県にも、観るべきものは数多くあります。プチ移住していると、自宅から気軽にちょっと遊びに行く感覚で訪ねることができます。

例えば、京都駅からだと奈良（近鉄奈良駅）まで、近鉄京都線の急行で50分弱ほどで行くことができます。近鉄特急だと特急料金が必要ですが、わずか30数分で着いてしまいます。

滋賀県ですと、米原駅までＪＲ琵琶湖線（東海道線）の新快速が運行されています。京都駅から、これに乗ると最速約53分で米原に着きます。

ちなみに筆者は横浜に自宅がありますが、新橋や渋谷に行く距離感でしょうか。

【ポイント】

- **京都は名所旧跡も多いが、祭・行事も多い**
- **観光客でも参加できる祭・行事がある**
- **日程が決められている観光資源が多く、プチ移住が好都合**

・長期間続く祭事にも、プチ移住が好都合
・プチ移住してると、各種草花が美しく咲いている時に鑑賞可能
・プチ移住してると、隣県（奈良、滋賀、大阪）に気軽に行ける

プチ移住で楽しく有意義な老後を（見物からスルを楽しむ）

前項の「観光旅行との違い」でも述べましたように、プチ移住するとたくさんの「見どころ」があるわけですが、「モノやコトを見る」の他に、さらに「スル」も楽しむことができます。前述した「祭・行事に参加」も、一つのスルですが、残念ながらそれほど事例が多いとは言えません。プチ移住ではどんなことをスルことができるのか、述べていきたいと思います。

同好の友人・仲間を作る

人とあまり交際したくない「孤独を愛する人」も少なからずいると思いますが、「ひ

とり旅」ならいざ知らず、プチ移住においては「同好の友人・仲間を作る」ということが、かなり重要になってきます。むしろ必須と言っても良いくらいだと考えています。同好の友人や仲間を作るには、京都関連のＳＮＳや下記の各種同好サークルに参加するのが、最も近道です。まず、いろいろな情報が得られます。例えば、京都のローカルで興味深い祭・行事・イベントなど、開催されることに気が付かないことも時折あります（インターネットに未掲載の場合も少なくない）。そのような時、同好の友人が教えてくれることが多いです。

もっとありがたいと感じるのは、祭・行事を観に行く時、始まる30分～2時間前に現場に着くようにして、いわゆる「場所取り」をする時です。この事例はかなり頻繁に発生します。そのような時に、ひとりだけだとトイレにも行けません。周辺を偵察？したい時もあります。また仲間が一緒に場所取りしていると、開始までの長時間、会話などして間が持ちます。

最もありがたいと思ったことは……。筆者の住いは京都市右京区太秦にあるのですが、冬季の早朝、けっこう冷え込みます。２０２０年2月初旬早朝、気温がマイナス4度以下に下がった時、屋外給湯器につながる水道管が破裂し、道路に水が吹き出しました。その時、筆者は横浜に居て、京都の住宅管理会社からの電話でそのことを知りました。「これは行かなきゃダメか」と思ったのですが、幸い故障は屋外だったので、住宅管理会社でも緊急止水でき、本格修理も手配してくれ、現地に行かずに済んだのでした。屋内の故障だと勝手に室内に入れないので「たぶん来てもらう」ことになるそうです。これからも、住いに何か不測の事態が起こる可能性は否定できません。そこで、右京区と隣接している北区に住む古くからのマイミクさんに、部屋のカギを預かっていただくようにしました。この方とは普段から諸方にご一緒していて信用の置ける友人だったので、少し安心する気持ちでした。住いに何か異変が起きた時は、なんとか駆け付けていただけるとのこと。

ちなみにこの時、屋外給湯器も修理不能なほど壊れましたが「不可抗力による付帯設備の故障は大家さんの負担」ということで、新品と取り替えてもらえたのでした（当然、水道管取り替え工事費も）。

さらに、これはたいへんシビアな話で、あってはならないことなのですが、大事なことであるとともに、筆者のように既往症がある老人も少なくないだけに可能性がゼロではないのであえて述べたいと思います。

筆者は京都入りする数日前に、いつ入京するのかＳＮＳにアップしており、出京の際も周知するようにしています。そしてなるべく毎日、レポート（日記）をアップするようにしています。限定公開なのでフォロワーさん（マイミクさんも含む）は多くはありませんが、もし仮に筆者が我が庵で突然死してしまったとしたら「これは変だ！」と気付いてもらえるようにしています。さすれば、少なくとも「腐乱死体で発見！」ということだけにはならないと思います。

このような配慮にはいろいろな方策があると思いますが、何らかの対策をとっておくことで、大家さんや連帯保証人にも、ある程度安心していただけると思うのです。

ＳＮＳについて前述の「まずは情報収集　ＳＮＳを使う」で「この段階から、『友人や仲間を作っておく』ことが、プチ移住にとっていかに重要か、後で詳しく述べたいと思います」と書いたのは、以上のような理由によるものです。

同好の仲間とツアーする

前項「同好の友人・仲間を作る」では、実利的な面ばかりを述べましたが、ときどき、お互い気の合う友人数人と小ツアーするのは、実に楽しいものです。筆者もとくに親しいマイミクさん数名とレンタカーを借りて、春や秋、京北（京都府北部）、滋賀県、奈良県に日帰り旅行をしています。

各種同好サークルに入る

京都における「同好サークル」とはどんな集合体を指すのでしょうか？代表的な団体として、筆者も入会している「NPO法人京都観光文化を考える会・都草（略称 都草）」が挙げられます。

——都草は、京都の歴史・観光・文化を学ぼうとする人々の集まりです。下段に掲げる、京都の観光・文化の振興と啓蒙に関する事業を行い、京都の活性化と豊かな地域社会の実現に寄与することを目的としています。（都草ホームページより）——

会員は京都市民が多いですが、市民でなくても入会でき、会員は全国に散在しています。首都圏の会員を対象とした「東京支部」もあり、筆者も所属しています。年会費3000円、実動会員数約400名弱です。

会員は左記の各部会に参加することができます。

・**京都御苑歴史探訪会**

都草では、毎週日曜日に都草主催で「京都御苑御所歴史散策ツアー（予約不要で無料)」を実施しており、説明ガイドは会員が務めています。

・**美化活動部会**

市内の神社仏閣の境内の清掃をする部会です。

・**歴史探訪部会**

主に市内の名所旧跡を巡る小ツアーを開催する部会です。参加者は会員・非会員で、説明ガイドは会員が務めています。

・**研究発表会**

会員が自主研究した結果を会員・非会員に発表する部会です。

・**京都検定対策委員会**

京都・観光文化検定は、京都商工会議所が主催するご当地検定ですが、今や全国的に有名。通称「京都検定」。一級から三級まであり、一級はたいへん難しく権威がある。試験対策講座や模擬試験など開催している部会です。

・**広報部会**

機関紙『都草だより』を発行しています。

・**文化交流部会**

歴史探訪部会に似ているが、より文化的な企画・実行をする部会です(食事を伴う蹴鞠などの体験ツアーも企画・実行)。

・土曜講座

京都府庁旧本館旧議場（重要文化財）において、月1回土曜日（年間6回）に、都草会員が講師を務め、様々なお話をする講座です。

・おでかけ講座

外部からの依頼により、旧議場以外でも、都草会員が講師を務め、さまざまなお話をする講座です。

・研修会

古文書講座、有識者・学者による講演会、ガイド研修などを扱う部会です。

・各支部活動

伏見深草支部、丹波支部、東京支部などがあり、各々の支部でも独自の活動をしています。

筆者は主に、歴史探訪部会、研究発表会、美化活動部会の3つの部会に顔を出しています。別にプチ移住してなくても、これらの各部会には参加できますが、各部会の日程は接近していることが多いので、プチ移住していると、たいへん都合が良いのです。

3つの部会のうち、筆者が最も力を入れているのが研究発表会です。筆者は江戸時代中後期、京都東町奉行所与力を勤め、随筆『翁草』を著した「神沢杜口《かんざわとこう》」の研究をしており、彼の紹介・研究成果を研究発表会で発表したことがあります（詳しくは後述します）。次によく参加するのは歴史探訪部会です。歴史探訪とは、名所旧跡巡りをすることですが、都草では行き先の由緒に詳しい会員が現地で解説をします。普段、公開していないような処でも有力会員のコネなどにより、特別に拝観させていただくこともあります。京都の有名行事「五山送り火」の1か所「妙・法」の火床など非公開なので印象的でした。

美化活動部会は、実はそれほど参加してはいないのですが、端的に言えば「寺社の境内のお掃除」をする部会です。紅葉後などは大量の落ち葉が境内に累積しており、かなりの作業量となります。非公開部分なども掃除することが多いので、思わぬものを目にする意外性もあり、作業はたいへんですがけっこう面白いです。終わるとご住職や宮司さんのお話があったりします。

「NPO法人京都府ウォーキング協会」、筆者はこの会の会員ではないので詳しくは書けないのですが、ホームページには「会員は京都府内をはじめ、関西一円はもとより全国各地から、『京都大好き人間』が集い、例会を楽しみ友好を深めております」と掲載されています。都草の歴史探訪部会に類似した会だと思われます。ただ、サイトに掲載されている年間スケジュール表を見ると、例会は都草の歴史探訪部会より催行回数が多く、また概ね、歴史探訪部会のコースよりウォーキング（歩行）距離が長く、体力増強にも注力されている印象があります。費用は、入会金１０００円＋年会費５０００円です。

ミニツアーに参加する

京都市内には、京都関連の小ツアー（多くは数時間）を企画・催行している会社、団体、個人があります。

株式会社のようないわゆる会社組織でないのが「まいまい京都」「京都旅屋」「ことぶら」、株式会社では「らくたび」が、とくに有名です。

都草の歴史探訪部会や京都府ウォーキング協会の例会は、概ね、参加費が年会費で賄われていますが（つまり会員は参加費原則無料、配布資料代や拝観料は別途負担）、こちらは１ツアー３０００円ほど（定員20名程度）からです。

まいまい京都は「京都の住民がガイドする」というのが売りで、庭師や料理人などの職人や学者などもガイドを担当します。有名ガイドでは「ブラタモリ」にたびたび出演される梅林さん、以倉さん他、関西のテレビ・ラジオによく出演される吉村さんなどがガイドを務めています。月間スケジュール表を見ると小ツアーがギッシリ詰まっていますが、どれも人気があり早めに申し込まないと、すぐ定員に達してしまうほどです。ユニークな企画が多いので、筆者も以前はよく参加していました。「洛中洛外図屏風」に描かれた「通り（道路）」を実際に歩き、屏風に描かれているものや当時の名残を見る、あるいは、西陣織物各種業者の店舗・工場を見学する、などはたいへん興味深く参加しました。

京都旅屋は、まいまい京都のガイドもされている吉村晋弥さんが代表をしています。吉村さんと言えば、京都では超有名ガイド、京都検定1級に2017年から5回連続の最高得点で合格。気象予報士で「京都観光おもてなしコンシェルジュ」なども務めています。関西のテレビ・ラジオにも出演、京都案内・歴史だけでなくお天気も解説しています。

京都旅屋のツアー内容は、まいまい京都とほぼ同じ1ツアー3000円ほど（定員20名程度）からです。筆者も、以前は京都旅屋のツアーに度々参加していました。ときどき（3日連続もあり）、ツアーガイド中の吉村さんに遭遇したり、取材で来られた祭や行事で偶然鉢合せして、雑談することもあります。

ことぶらは、代表の田中さんのブログで、下記のように紹介されています。

――プロのガイドさんと一緒に、京都の寺社仏閣を巡ったり、文化体験をしてみたり、京都観光のセミナーをしてみたり、そして時にはルーレットを回して京都のスポットを巡る遊び心の有る京都観光をしてみたり、参加者さんと一緒に冗談を言いながら楽しく京都を満喫しています。――

やはり1ツアー3000円ほど（定員20名程度）からです。筆者も、非公開寺院での美人師範による「茶道体験ツアー」などに参加したことがあります。

筆者は参加したことが無いので、詳しいことは書けませんが、らくたびもサイトを見ますと「京都さんぼ」と称して、前3団体と同様のツアーを企画・実施しています。食事を含めたツアーが目立ち、なかなかユニークだと思いました。

以上のように、探訪会や各団体のミニツアーを合計すると月間相当数、企画されています。時には短期間に複数参加したいこともあり、こういう時こそプチ移住が役立ちます。

ボランティア・ガイドをする

2020年の春から2022年の春に掛けて、コロナ禍により、観光都市京都の観光もすっかり落ち込んでしまいました。ほとんどの観光ガイドさんは失職同然となってしまいましたが、最近、ようやく復活してきました。

さて、我々外来者はいつも「ガイドしてもらう」立場ですが「ガイドする側」になることも不可能ではありません。京都御所の観光ガイドさんなんかになってみたいものです。

実は、この京都の観光ガイドさん達ですが、かなりの数がボランティア・ガイドなのです。京都はガイドを必要とするような文化財が膨大な数にのぼることもあり、ガイドの養成確保には力を入れていて、いろいろな団体があり複雑です。

「京都府観光ボランティア団体連絡協議会」という大きな組織があり、京都市内の大学生で組織されている「京都学生ガイド協会」など、現在、京都市内だけで9団体あります。そしてこのうち7団体が、ボランティアとは言え有料でガイドをしています。

前述の都草もここに所属し、「京都御苑御所歴史散策ツアー」を実施しており、研修会を設けガイドを養成しています。

都草の変わったボランティアでは、祇園祭の「大船鉾」町会所のお手伝い（授与品の販売、拝観者の誘導）などもあります。なお、これらのボランティアやガイドをするにあたり、ガイド希望者の居住地に、とくに制限は設けてはいないとのことです。

やはりこの協議会の一組織である「京都SKY観光ガイド協会」に所属し、観光ガイドとして60代を過ごされた方に、お話をうかがったことがあります（病気により退職）。その方によると、協会の短期研修会を受講すればガイドとして採用され、業務は9時〜17時、寺社に張り付く「定点ガイド」、修学旅行生の案内などで、昼食（現物、または金額）、一定限度までの交通費などが支給されるそうです。

その方に、思い切って「私のような半月ほど京都に住んでいる者ではガイドできないでしょうか？」と聞いてみたところ「1か月に3週間くらいは在京していないと……」とのお返事でした。

つまり、シフト制なので来月のシフトを前月に組む時、1か月の内、3週間はいつ決まっても良い状態であることが必要とのことでした。そして、ボランティア・ガイドをするに最も重要なことは、暑さ寒さに耐えられ、健康であること。

3週間のプチ移住は、やや厳しい条件ですが、不可能ではありません。9団体もあるので、2週間程度のプチ移住者でも可能なところがあるかもしれません。

●京都府観光ボランティア団体連絡協議会ガイド団体一覧：http://kyoto-kankou-guide.jp/archives/guideorgs

お茶・お花など、本場京都で習い事を始める

華道（お花）については接触が無いので語ることができないのですが、茶道（お茶）についてはちょっと面白い体験があります。

京都に居ると何かと抹茶をいただく機会が多いことに気が付きます。

抹茶は、鎌倉時代、禅宗の一派である臨済宗の開祖となる栄西が留学した中国から我が国にもたらしたことから始まり、禅宗、とくに大徳寺派の臨済宗寺院が大きな役割を果たした利休流茶道と深い関わりがあります。しかし、現代の京都では禅宗の寺院に限らず、各宗派の多くのお寺で拝観者に一服数百円で抹茶を供しています。筆者も拝観した寺院で、ちょっと一休みしたい時など、抹茶をいただくことがあります。

もう20年近く前の話ですが……

東山に圓徳院という豊臣秀吉の妻「寧々《ねね》」と関係の深い臨済宗建仁寺派の寺院があります。ここでも一服５００円で抹茶を提供していました。しかもお茶菓子付きです。

筆者もちょっと一服したくなって、拝観受付で頼んだのですが、こうした場合、たいていは、方丈や書院の普通の座敷で出された抹茶をただ飲むだけの場合が多いのです

（たまに茶菓子が付くこともある）。ところがこの時は、1グループ（我々は男2人）ごとに江戸時代に建てられた小さな茶室に案内されたのです。入室する時も茶道の正式な作法である躙口《にじりぐち》から身をよじるようにして入りました。茶道を習ったことがなかったので、大いに焦ったことを覚えています。3畳ほどの茶室だったので、わずか30センチ右横には小さな床の間があり、そこに小さな掛け軸が掛けてありました。苦し紛れに話題を探していたので、誰の作か聞いてみたところ、なんと！　有名な「狩野探幽」の真筆とのこと。驚きました。普通、探幽の作品など美術館のガラスケースの向こうにしか見ることができません。それが手を伸ばせば触れる距離にあるのです。お茶を立ててくれた女性（茶道で言うと「亭主」になる。こちらは「客」）がずっと話し相手をしてくれていたのですが、こちらは茶道の作法もほとんど知らず、動作をマネできる人も居ないので冷や汗タラタラ、随分長い時間に感じました。躙口から退室した時は、正直ホッとしたのを覚えています。

このサービスが500円（現在は1500円らしい）とは、随分得をした気もしましたが、「これは茶道を習っておいたほうが良いなあ？」とも思ったのでした。京都では抹茶をいただく機会は、この寺院拝観時の他に、各種イベントなどの際にも供されることが多いです。そんな時も、茶道の心得があるに越したことはありません。

しかし正座もまともにできない筆者だったので、茶道の作法についてはそのままになってしまいましたが、7年ほど前、プチ移住を始めた頃、ふたたび茶道と接する機会があったのです。

前述の「ミニツアーに参加する」に書いた「ことぶら」で、代表の田中さんが文化体験として「茶道体験ツアー」を企画された時、参加したのです。本格的に茶道を習うつもりはなかったのですが、圓徳院での屈辱的な記憶は残り、最低限の作法程度は教えてもらえるかな？　と考え参加しました。

この企画は、東山にある某非公開寺院の娘さんで裏千家師範をされている方（田中さんの同級生でもあり、なかなか美人）による茶道講習というものでした。その某非公開寺院で実施されました。マイミクさんと参加したのですが、参加者は計5名だったので、ひとりずつ一通り作法を教えていただくことができました。

この時、もしもっと茶道を習いたいと思った人は、この師範が主宰されている茶道教室に入門できます、とのお話が田中さんよりありました。お稽古は2週間に一度、本格的に教えて下さるそうです（この寺院の庭には、お茶室もありました）。

筆者は、この時、入門することなく終わったのですが、プチ移住していたので、毎週一回では完全移住しないと通うには難しいですが、2週間に一度だったら通えないこともないなと、一度は考えたのでした。後で知ったのですが、茶道・華道など、習い事のお稽古日は概ね、２週間に一度という場合が多いようです。

茶道そのものは、全国どこにも教室はあるので、別に京都でなくとも習うことはできますが、京都は、茶道具・抹茶・茶菓子・懐石料理など、茶道に必須な物の品質は優れ、種類も豊富、そして茶室も至る所に存在していて意外に利用しやすいようです。そして何よりお茶を嗜む人口が多いので、茶道を学ぶには最適な環境と言えるのではないでしょうか。

因みに香道（お香）も、香木店主宰の体験教室に参加した後、引接寺（千本ゑんま堂）の「風まつり」に参列した際、香道の一種である「組香」が行われ、多少なりとも知識があったので助かったことがありました。

本場京都の和食・陶芸教室などに通う

前項の「お茶・お花など、本場京都で習い事を始める」に似ていますが、こちらは「スル」上に、「作る」が加わり、さらにプチ移住の醍醐味を味わうことができるかと思います。

しかし残念ながら、筆者は「京焼・清水焼」の作陶職人団体「青窯会」の本部「京都青窯会会館」主宰の陶芸体験コースしか体験したことがないので、多くを語ることができません。しかしインターネット情報を調べると、多くの陶芸教室が掲載されており、生徒を募集しています。

陶芸情報コンテンツから京都の陶芸教室を探せます。

●陶芸.com　京都の陶芸教室一覧：
https://www.tougei.com/shop/halls/list.aspx?status=2&area=53

京都市の日本料理　和食の料理教室も数多く掲載されています。

●オトコロドットコム　京都市の日本料理／和食の料理教室21選：
https://otokoro.com/cookingclass/category/cooking-class-washoku/%E4%BA%AC%E9%83%BD%E5%BA%9C/%E4%BA%AC%E9%83%BD%E5%B8%82/

最も京都らしい「作る」としては、仏像・仏画・截金教室を開いている「宗教芸術院」というところもインターネットに掲載されています。

●宗教芸術院：https://www.syukyogeijutsuin.jp

各種京都関係講座を受講する

京都は「観光都市」でもありますが大学、研究施設、資料館も多く「文化都市」でもあります。いろいろな施設で常に講座やセミナーが開かれており、京都の文化や歴史をテーマにし、一般市民を対象とした講座なども数多く開講しています。京都市民でなくても受講（多くは有料）できるので、京都を学ぶには最適と思われ、京都に関して、より豊かな知識を得ることができます。とくにプチ移住者は、連続した講座が受講可能になります。

①京都市生涯学習総合センター　京都アスニー　各種講座

京都アスニーのホームページには「千玄室」所長の「ごあいさつ」として

――京都市生涯学習総合センター（京都アスニー）は、皆様の学びたい意欲を応援する、生涯学習の拠点です。京都ならではの「地域力」「文化力」「人間力」を結集し、教

養講座、実技講座をはじめ、コンサートやシネマまで、様々な学びの場を提供していま
す。（「京都アスニーのホームページ」より）——

とあり、「アスニーセミナー」、「アスニー京都学講座【完全予約制】」、「ゴールデン・エイジ・アカデミー」、「アスニー特別講演会」などを開催しています。

「アスニーセミナー」は、より専門的な内容を学ぶ教養講座で、1回のみの講座と、連続講座があり、1回のみの講座はほぼ毎週開講、連続講座は、ほぼ連続3回程度で毎月1回開講されます。基本的に予約制となっています。「アスニー京都学講座【完全予約制】」は京都の豊富な歴史資料・文化資料・考古資料にもとづいて実施する講座ということで、週に1回程度開講されます。「ゴールデン・エイジ・アカデミー」は、様々な分野の専門家を講師に実施している無料の教養講座で、筆者は2018年9月、「即位式図と行幸図—描かれた天皇と庶民—」を受講しました。この講座は「細見美術館」と「みやこメッセ」で開催されていた「京都の御大礼」展に合わせて企画されたもので、講師も細見美術館の学芸員でした。2022年4月現在、コロナ禍により、当面の間中止しています。「アスニー特別講演会」は、とくに京都とは関連しないテーマが多い講演会です。

●京都アスニー：http://web.kyoto-inet.or.jp/org/asny1/top.html

②京《みやこ》カレッジ

京都市は、大学が多いことでも知られています。市内には、現在、38の大学・短期大学が所在するそうで、京都市も「大学の街・京都」を標榜しています。これら大学によって構成された公益財団法人に「公益財団法人　大学コンソーシアム京都」があります。

大学コンソーシアム京都とは、

——京都駅前のキャンパスプラザ京都に事務局がおかれ、全国の大学連携組織のさきがけとなった団体で、その規模も最大である。なお、全国の大学連携組織のとりまとめを行う全国大学コンソーシアム協議会の事務局も大学コンソーシアム京都におかれている。

京都市内の私立大学間で単位互換制度を広く実施するため発足した「京都・大学センター」が母体となっており、設立にあたっては自治体の京都市がバックアップをおこなった。はやくから社会人のための単位取得プラン「京（みやこ）カレッジ（2006年度まではシティー・カレッジ）」や、インターンシップ事業、教職員研修（FD/SD）事業、産学連携事業もおこなっている。　Wikipedia「大学コンソーシアム京都」より——

ここに出てくる「キャンパスプラザ京都」では、会員である京都市および近郊の各大学の授業（通称：プラザ科目）が行われ、また、生涯学習の一環として、大学の授業科目を一般（大学生以外）にも提供しています。これが「京《みやこ》カレッジ」です。ちなみに、放送大学京都学習センターもこの建物にあります。

２０１７年版「京カレッジ生募集ガイド」を見ますと、京カレッジの受講形態には「科目等履修生　大学の正課科目を受講し、単位取得を目的とする」、「聴講生　大学の正課科目を受講するが、単位取得を目的としない」、「特別受講生公開講座（大学の正課科目以外）を受講する」などがありますが、一般社会人は聴講生や特別受講生でも受講できる科目を選ぶのが適切と考えます。

聴講生も受講可能な京都関係の科目には「京を学ぶ」が約10科目、「歴史を学ぶ」が約20科目あります。特別受講生が受講可能な京都関係の科目には「市民教養講座」が数科目、「京都力・教養力養成コース」があわせて約10科目あります。受講会場は、キャンパスプラザ京都のほか、各科目開設校のキャンパスになります。

プチ移住者は、これらの中で、開講形態が数日間集中している科目、もしくは毎月１回開講している科目が受講し易いと思います。

プチ移住者が受講可能な聴講生科目の一例を挙げれば、「京を学ぶ」の京都学園大学

「きもの学」がありました。全部で15回開講されますが、9月初旬に1日2回、約1週間の夏期集中方式で、会場はキャンパスプラザ京都です。講師に、あの美容師・服飾評論家の故「市田ひろみ」氏の名前がありました。特別受講生科目では「京都力養成コース」の「京都学講座その時歴史が動いた〜江戸から明治へ〜」がありました。全10回で5月〜翌年1月まで、1か月1、2回開講ですからプチ移住者向きと言えます。平安女学院大学「京都力としての銭湯観光①」、放送大学「機能性京漬け物の世界〜新しい時代のぬか漬〜」などもプチ移住者向きと言えます。

③各大学・短大　生涯学習講座

京カレッジ以外にも、各大学・短大では生涯学習として公開講座などが開講されています。その総数は京都市を中心として30校にも及びます、しかし、2022年4月現在、コロナ禍により、休講やオンライン講座が増えています。コロナ禍が終息すれば、ふたたび旧に復すると思われます。

一例として、龍谷大学では1992年度から市民向けの生涯学習講座として「RECコミュニティカレッジ」を開講しています。受講科目は、仏教・こころ、文化・歴史、文学をはじめ、外国語、資格コースなど、様々な分野の講座を開講し、2017年4〜

9月（前期）には、8コース全204講座も開講しています。講座の多くは1講座4〜6回です。2022年4月現在、RECコミュニティカレッジは開講中止ですが、オンライン講座は開講しています。

●大学コンソーシアム京都　公開講座：https://www.consortium.or.jp/project/chiiki/machidukuri_jirei/koukai-kouza

京都の文化や歴史を研究してみる

前記「各種同好サークルに入る」でも触れたように、現在、筆者が最も注力している活動です。

筆者は8年前、プチ移住を始めた時から、京都の辻々を隈無く歩き回ってきました。昔の平安京の周辺部を除いて、歩いたことが無い通りは無いのではないかと思います。それ故、自ら「洛中洛外徘徊師」と名乗り、名刺にも刷り込んでいます（友人は「認知症でボケても使える名刺だね！」などと言っていますが（笑））そして市中で見聞したことをレポート的にSNSのミクシィにアップしてきました。

プチ移住を始めて3年ほど経った頃でしょうか。

自分とどこか似ている江戸時代の京都人に出会ったのです。それは江戸時代中後期、京都東町奉行所の与力を勤めていた「神沢杜口（１７１０〜１７９５）」という人です。杜口も奉行所を退職後、京都市中を歩き回り、見聞したこと、考えたこと、調べたことなどを『翁草《おきなぐさ》』という原稿用紙１万枚に及ぶ記録（現在、随筆として分類されている）を残したのでした。

当時、もしインターネットが存在していたら、現在のブログのような形でアップ公開していたのではないかと筆者は想像しています。さしずめ「江戸時代のブロガー（ブログを書く人）」と称しても良いのではないかと考えています。

そこで「はじめに」にも書きましたように、大の日本史好きだったので、さっそくこの神沢杜口と、彼の主著『翁草』を調べ始めました。すると現在、杜口も『翁草』も研究している学者が見つからない上に（以前には居た）、研究も進んでいないことが判ったのです。杜口はともかく『翁草』は大作で、江戸時代や京都を理解する上で有益な史料とされ、歴史本やテレビの歴史番組などでも、ときどき、引用されるほどには知られた書物なのですが……。

それで、杜口と翁草の研究を始めました。まず、杜口はもっと注目されて良い人物ではないだろうか、という杜口の紹介記事を書いて『歴史研究』誌に掲載してもらいました。

そして、杜口のことをいろいろ調査していると、不可解なことを幾つか見つけました。

一例を挙げれば、杜口は10歳の時、入江という家から神沢家に養子に入ったことは確実なのですが、どの文献を見ても、この入江家というのが、どこの入江家なのかハッキリしないのです。京都西町奉行所の与力を勤める家に入江家というのがあり、杜口はこの家から京都東町奉行所の与力を勤める神沢家に養子に入ったのではないかと考えるのはムリのない推理ですが、確証がありません。京都には、お公家さんにも入江という家がありますから（昭和天皇の侍従長「入江相政」氏が有名）。また「入江家は大阪にあり」などと書かれた人名辞典もありました。

しかし、たまたま京都市立「京都市歴史資料館」が、最近出版した京都東西奉行所与力・同心の屋敷配置図（京都武鑑）を見ていたら、神沢家と入江家は一軒置いたとなり同士で、ごく近所にあったのです。刑事ではありませんが、これはやはりこの入江家が怪しい？　と思ったのでした。

それからしばらくして、杜口の命日である2月11日に墓のある上京区の慈眼寺に墓参に行ったのですが、その寺で、なんと、神沢家の縁者の方と、杜口の俳句の研究をされていた関西大学大学院聴講生で奥野照夫という方にお会いすることになったのでした。奥野氏も京都西町奉行所の与力だった入江家ではないだろうかという見解でしたが、やはり証拠がありません。

それから10か月経った年末、奥野氏から驚くべき連絡が入りました！

京都西町奉行所の与力だった入江家の子孫を東京都内で見つけた。そして、その入江家に『翁草』の杜口自筆の原本があった、という知らせでしたが、最初は信じられませんでした。

実は『翁草』の原本は、1988年、この入江家に伝来していることが新聞に掲載されていたのですが、その後、研究する者もおらず、入江家伝来の事実も忘れ去られ、入江家の所在も不明になってしまっていたのでした。それを奥野氏が、いわば再発見したのでした。

そして奥野氏は、神沢家のご子孫と入江家のご子孫を慈眼寺で対面させたのでした。筆者もその席に同席を許され、少なからず興奮したのでした。

両家は、過去帳の調査から元禄時代以後（1688年〜）、約150年間の間に3人が養子縁組や婚姻していて姻戚関係にあったことが判明したのですが、現代の両家は、互いをまったく知らなかったという現実には、「年月の恐ろしさ」と言うか「歴史の非情さ」とも言うべき感情が湧いたのでした。

後日の調査で、杜口は自ら著した『翁草』を実家の入江家に託していたのだと推定されました。別の著書『塵泥《ちりひじ》』は昔から神沢家が保管し、『赤城義士編参考』は瑞光院というお寺に預けていました。「天明の大火（1788年）」でいろいろなものを焼失させてしまった杜口は、著作を別々の場所に置くという措置をすることで、今日で言う「リスク分散」を図ったのだろうと推定しています。

直近では、筆者は『翁草』の記載事項の検証に当たっており、奥野氏は『翁草』の各種写本の調査、その一環として原本と、あまた現存している写本との比較検討に没頭されています。また、研究上、原本のデジタル化も必要ということで、奥野氏と筆者は、度々、東京の入江家を訪れ、逐次、写真撮影を行っているところです。

以上、長々と語りましたが、京都には神沢杜口や『翁草』のように、充分に研究されていないコトやモノは数多く存在しており、これらを見つけ研究し、少しでも解明できたなら、これほど有意義な老後の生き方は無いと思うのです。

この活動は、必ずしもプチ移住しないとできない訳ではありませんが、そもそも研究対象が京都にあり、図書館や資料館にも通ったりするので、プチ移住していると「断然有利である」とは言えると思います。

この活動に必須の施設には左記が挙げられます。

●京都府立図書館

https://www.library.pref.kyoto.jp/

●京都市中央図書館
https://www2.kyotocitylib.jp/
●京都府立京都学・歴彩館
https://www.pref.kyoto.jp/rekisaikan/
●京都市歴史資料館
https://www.city.kyoto.lg.jp/bunshi/page/0000003963.html
●京都市考古資料館
https://www.kyoto-arc.or.jp/museum/

【ポイント】
・見る⇓する⇓習得・残す（作品や研究結果）へ

プチ移住はどのくらい続けるか

以上のようにプチ移住するようになると、観ることができるものが観光旅行に比べて格段に増えてきます。それではどれくらいの期間、プチ移住を続けるのが理想的なのかと問われれば、前述の「②賃貸マンションや民家、民間アパートを借りる」の最後にも書きましたように、賃貸物件の1契約期間（2年間）2回分＝4年間が最も適当なところではないかと考えます。

筆者の場合、振り返ってみますと、もし1契約期間（2年間）、つまり年間120〜150日間の在京だけだったとしたら、かなり物足りない気持ちが残ったと思います。いろいろなものを見ているうちに、アレもコレももっと見たいという気持ちが湧いてくるのでした。その結果、8年間を超えてしまいました。また、前述した「習い事」や「各種教室」などに通うとした場合も変わってくるかもしれません。

京都に対する思いは人によって様々ですから、4年間というのは一つの「目安」と考えていただければ良いと思います。

【ポイント】

- **筆者の場合、もし2年間の在京だけだったら、相当物足りなさが残った**
- **「在京4年間が妥当」と考えるが、一つの目安に過ぎない。個人差は大きい**

第4章　往復のより良い手段

様々な交通手段の検討（格安高速バスから新幹線）

さて、プチ移住をするには住居費が最も大きい出費ですが、次に経費が掛かるのは往復の交通費になります。これを検討してみたいと思います。

京都市と遠方の都市を往復するのに、我々が無理なく利用できる交通機関としては左記があります。

①新幹線

②高速長距離バス
③マイカー
④レンタカー、その他

①新幹線

何と言っても、移動に必要な所要時間が最も少ないのは新幹線でしょうか。

筆者を例にとれば、新横浜駅・京都駅間、のぞみ号で平均1時間54分ほど。東京駅からだと2時間12分ほど。

運賃は新横浜駅から京都駅で１２６５０円（通常料金）～１３３００円（スマートＥＸ）、東京駅からだと１３３２０円（通常料金）～１３９７０円（スマートＥＸ）といったところで、筆者などは往復すると月額家賃を超える金額になります。

「ぷらっとこだま」は、国内外旅行の企画販売を行なっている「ＪＲ東海ツアーズ」が提供する格安新幹線チケットのことです。東海道新幹線「こだま」に安く乗れる「切符ではない旅行商品」になります。通常料金よりもお得です。数日前までに電話またはインターネット、取り扱い店舗で予約・購入します。

停車駅は、東京駅、品川駅、新横浜駅、静岡、浜松、名古屋、京都、新大阪です。

所要時間は、新横浜駅・京都駅間で約3時間20分ほど掛かりますが、運賃10400円（東京駅乗車10600円）で、1ドリンク（350㎖以下の缶ビール相当）引換券が付きます。のぞみ号やひかり号よりは多少安い運賃です。

男性満65歳以上、女性満60歳以上、誰でも入会できるJRグループ旅客6社が提供する会員組織「ジパング倶楽部」なら、1年間で20回、日本全国のJRの運賃・料金が2割引または3割引で利用できます。入会した初年度の1～3回目は2割引、4回目以降20回目まで3割引。継続して更新すると、2年目以降は1回目から20回目まで3割引で利用できます。東海道新幹線「ひかり」と「こだま」の乗車券・特急券・グリーン券もジパング倶楽部の割引対象です。「のぞみ」は乗車券のみ「ジパング倶楽部」割引の対象です（特急券は通常料金）そして、4月27日～5月6日、8月10～19日、12月28日～1月6日に乗車の場合は、割引は利用できません。

年会費は、女性満60歳以上、男性満65歳以上の「個人会員」は、3840円。夫婦のどちらかが満65歳以上の「夫婦会員」は、2人で6410円。ジパング倶楽部割引きっぷの購入はJRの駅窓口および一部の券売機、旅行センターなどの窓口で購入できます。その他、主な旅行会社でも取り扱いしています。インターネットでは購入できません。

以上を比較すると、新幹線で最もコスパが良いのは、ジパング倶楽部に入会して「ひかり号（新横浜駅→京都駅、所要時間2時間10数分、東京駅→京都駅、所要時間2時間30数分）」に乗る方法になるようです。年間10往復する場合、年会費も計算に入れると、新横浜駅→京都駅、約９０５０円、東京駅→京都駅、約９５００円になります。

②高速長距離バス

筆者は京都でプチ移住を始めた時から約4年間、京都との往復には、専ら高速長距離バスを利用していました。他の方法に比べて最も安かったからです。利用していたのはWILLER EXPRESS株式会社（ウィラーエクスプレス）という、東京に本社を置く大手のバス事業会社の高速昼行バスです。夜行バスは、耳慣れていますが、昼行《ちゅうこう》バスというのは昼間走るバスのことを言います。夜行バスは日中、有効利用可能ですが、昼行バスは移動するためだけに日中をほぼ潰します。従って、基本的に夜行バスより運賃が安くなります。筆者は無職なので、利用が可能でした。

横浜駅→京都駅（以下、逆コースも同等）を主に新東名高速道路、新名神高速道路を約7時間半掛けて走行します。運賃は、２０１５年から２０１６年に掛けて、平日片道

3000円が2年ほど連続しました。現在では、ほぼ4000円から4500円と言ったところでしょうか。金額的には新幹線に比べれば、かなり安いです。

その昼行バスの居住性ですが、140度倒せるリクライニング・シートで、各人、映画を見ることができるモニター（現在は、自分のスマホ・タブレットに移行）が付き、腰枕や毛布、遮光フードも付属しています。約2時間に1回の間隔で、サービスエリアで15分ほど休憩します。2、3回乗ると慣れてきて、とくに疲れることはありませんでした。やはり若い人が多いですが、数人くらいは同年輩の老人も乗っていました。月曜日に横浜を出発し、翌週の木曜・金曜日に帰ってくるパターンが最も多かったです。65歳過ぎてからは年金が満額で受給できるようになったので、前述の新幹線の安いチケットを利用するようになりました。

③マイカー

車を利用する最大のメリットは「④レンタカー」もそうですが、他の交通手段のような「人頭料金」ではないことでしょうか。これはひとりでは不利ですが、夫婦にとっては極めて有利と言えます。

まず高速料金ですが、横浜町田ＩＣ→京都南ＩＣ（421・7キロメートル）を普通車で走る場合、渋滞を加味した所要時間は、約4時間半で高速道路料金は９８５０円になります。
次にガソリンですが、燃費を1リットル当り15キロメートルとすると約28リットル消費します。ガソリン代を、１リットル１６５円とした場合、４７２０円。総計９８５０円＋４７２０円＝１４４７０円となります。夫婦２人で乗った場合、１人当たり、約７３００円となります。なおＥＶ車だと、電気代はガソリン代の約３分の１と言われています。

しかし、マイカーの場合、これだけでは済みません。さらに京都での駐車料金が必要になります。繁華街ではない市街地では、１日最大５００円から９００円ぐらいのところがたくさんあります。また、中心街で30分２００円から、30分３００円。祇園、河原町以外の京都市街地で20分１００円。市街地のはずれの地域で30分１００円が相場とのこと。

以上、京都で掛かる2人分の交通費として考えるなら市内のバス料金は２３０円、地下鉄は２２０円からなので、プチ移住全期間で計算すれば、夜間の駐車料金が安い場所を確保できるならマイカー移動も悪くはないと考えます。

④レンタカー、その他

レンタカーを横浜から乗って京都で乗り捨てるとすると、乗捨手数料（税込）だけで、乗用車（軽商業車含む）の場合、約4万円も掛かってしまい、まったく話になりません。プチ移住している全期間、レンタルすることも可能です。軽自動車をレンタルする場合だと、10日間レンタルして15000円（保険付き）程度になります。ガソリン代は別途自費ですから、前述「③マイカー」にレンタル代金がプラスされた経費計算になります。

ちなみに、飛行機を利用した場合、羽田空港→伊丹空港間、所要時間約1時間、格安航空会社の最も安いチケットで、ほぼ新幹線と同じくらいの金額ですが、伊丹空港から京都までの交通費（600円〜）と所要時間（約1時間〜1時間半）が別途プラスされます。

【ポイント】

・一人でプチ移住するなら、高速昼行バスが最安

・二人でプチ移住するなら、マイカーも悪くない。ただし、夜間の駐車料金が安い場所を確保する

あとがき

この本の最初のほうにも書きましたが、2013年春、アベノミクス相場が始まって、少し儲けた私は「これで世界一周船旅でもしてやるか」ということも一瞬考えたのでした。

しかし、どんなに高額な世界一周船旅パックでも、せいぜい旅程は3、4か月。そこでどんなにぜいたくな毎日を過ごしても、たかが？　3か月（筆者の見解です）。

それだったら「京都の古いワンルーム・マンションでも買って、何年も京都と二拠点生活を送りたい」と考えたのでした。

根が貧乏性なのか、実際にはそれもできなくて、超安い家賃の賃貸住宅を借りて「何年も京都と二拠点生活を送る」ことだけは実現させたのでした。

よく「京都にセカンド・ハウスがある」とか人に話すと「金持ち！」とか言われるので「ぐっとお安く実現できるんですよ！」と、この本に書いてあるようなことを説明すると、ほとんどの方は「ホントかよ？」と半信半疑の顔をされます。それがこの本を書く動機のひとつにもなりました。

また、筆者は長年、SNSに京都滞在時の取材レポートをアップしてきました。ときどき、それを読んだ方から「本にしてみたら」と言われることがありました。

しかし「ドコに行ってナニを見てきた」というような報告は、SNS上でも書籍でも数多く目にすることができます。今さらあえて本にするほどの価値は無いだろうとずっと自分では考えていました。

それが本年（2022年）早々、ある京都通の知人から「裕福な人が京都にセカンド・ハウスを購入して、東京辺りと二拠点生活している」というようなお話は、共感を得られないけど「あんたのような（貧乏人とまでは言わなかったが）ごく一般的収入の年金生活者がこんなことをやっているのは貴重だ。多くの老人やもっと若い人達の生き方の参考になるし、励みにもなると思うから本にしてみたら」と言われた時には「目からウロコ」でした。

そういう観点もあるのか！

よく聞く言葉ですが「自分のことは、なかなか気が付かない」というヤツです。

自分でも、普通「セカンド・ハウス＝（イコール）田舎暮らし」と連想されるところ、「都会派？　セカンド・ハウス」というのもありなんじゃないかと思っていました。

そうしてこの本を書いてみることにしました。こんなに長い文章を書くのは初めてで、ずいぶん戸惑いました。

この30年、国際比較上、日本の相対的な力は徐々に低下傾向にあり、端的に言えば「昔より懐が寂しくなった」訳です。

1980年代後半のバブル期に壮年時代を過ごした筆者としては、このような（けちくさい？）本を書くことになって、正直、忸怩たる思いもなきにしもあらずですが、ある意味、時代に適合しているのかもしれません。

今話題の「節約と貯蓄を続けること」により少額資産を作り、早期リタイアを目指す「FIRE」達成後の生活のひとつの参考になるかもしれません。

本企画を取り上げて下さった「みらいパブリッシング」の柳瀬亮太郎さん、編集部員の弘保悠湖さんにはたいへんお世話になりました。

最後に、連帯保証人になって下さった同期生の牧田琢也君、また、早々とあの世に旅立たれてしまった同じく同期生の金子守君、大山あけみさんに本書を捧げたいと思います。

令和4年11月30日　京都にて著者しるす

京都の祭り・行事・イベント

※主催者の都合により予定・内容が変更される場合がありますのでご注意ください。
※コロナ禍の影響により、中止・縮小される場合がありますのでご注意ください。

●1月

日向大神宮・若水祭：1月1日（毎年同日）
毘沙門堂・初寅大祭：初寅の日
平安神宮・初詣：1月1日（毎年同日）
大覚寺・心経祈祷修正会：1月1日〜2日（毎年同日）
六波羅蜜寺・皇服茶：1月1日〜3日（毎年同日）
京都地主神社・初大国祭：1月1日〜3日（毎年同日）
狸谷山不動院・新年祈祷祭：1月1日〜3日（毎年同日）
松の内と稽古始め：1月1日〜15日（毎年同日）
伏見五福めぐり：1月1日〜15日（毎年同日）
北野天満宮・筆始祭：1月2日〜4日（毎年同日）
来迎院・修正会：1月2日（毎年同日）
広隆寺・釿始め：1月2日（毎年同日）
冨田屋・町家のお正月「歳徳神」：1月2日〜節分
八坂神社・かるた始め：1月3日（毎年同日）
金剛能楽堂・金剛流謡初式：1月3日（毎年同日）
祇園、島原・箸紙とり：1月3日〜15日（毎年同日）
下鴨神社・蹴鞠初め：1月4日（毎年同日）
赤山禅院・八千枚大護摩供：1月5日（毎年同日）
上賀茂神社・新年竟宴祭：1月5日（毎年同日）
城南宮・釿始式：1月5日（毎年同日）
伏見稲荷大社・大山祭：1月5日（毎年同日）
縣神社・初縣祭：1月5日（毎年同日）
上賀茂神社・白馬奏覧神事：1月7日（毎年同日）
花街・始業式：1月7日（毎年同日）
冨田屋・七草粥がゆ：1月7日（毎年同日）
各神社・七草粥の振る舞い：1月7日（毎年同日）
春日神社・若菜節句祭：1月7日（毎年同日）
聖護院・寒中托鉢：1月8日〜14日（毎年同日）
八坂神社・祇園のえべっさん：1月9日〜10日（毎年同日）
京の冬の旅 非公開文化財特別公開：1月上旬〜3月下旬
京都観世会館・京都観世会例会：1月上旬
みやこめっせ・雅風展：1月上旬
北白川天神宮・御弓の神事：成人の日前日の日曜
恵比寿神社・初ゑびす：1月8日〜12日（毎年同日）
西本願寺・御正忌報恩講：1月9日〜16日（毎年同日）
安井金比羅宮・初金比羅：1月10日（毎年同日）
泉涌寺・泉山七福神めぐり：1月10日（毎年同日）
伏見稲荷大社・奉射祭：1月12日（毎年同日）
下鴨神社・初えと祭：今年の初干支の日
法界寺・裸踊り：1月14日（毎年同日）
上賀茂神社・御棚会：1月14日（毎年同日）
初六阿弥陀めぐり：1月15日（毎年同日）
平岡八幡宮・左義長祭：1月15日（毎年同日）
上賀茂神社・御粥神事：1月15日（毎年同日）
石清水八幡宮・厄除大祭：1月15日〜19日（毎年同日）
冨田屋・どんど焼と小豆粥：1月15日（毎年同日）
新熊野神社・左義長神事：1月15日（毎年同日）
妙心寺、東林院・小豆粥の会：1月15日〜31日（毎年同日）
高台寺・冬の夜の茶会「夜咄」：毎年1月中旬〜3月初旬の金・土・日
上賀茂神社・武射神事：1月16日（毎年同日）
三十三間堂・楊枝の御加持と大的全国大会（通し矢）：毎年1月15日に近い日曜日
初観音詣：1月17日（毎年同日）
八坂神社、疫神社・疫神祭：1月19日（毎年同日）
城南宮・湯立神楽：1月20日（毎年同日）
東寺・初弘法：1月21日（毎年同日）
東寺、神光院、仁和寺・京の三弘法めぐり：1月21日（毎年同日）

北野天満宮・初天神：1月25日（毎年同日）
狸谷山不動院・初不動：1月28日（毎年同日）
京の冬の旅・定期観光バス特別コース：1月〜3月
京の冬の食文化・食遊菜都：1月〜3月

●2月

石清水八幡宮・湯立神事：毎年2月1日〜3日
石清水八幡宮・鬼やらい神事：節分前の日曜日
城南宮・節分祭：2月3日（毎年同日）
各寺社・節分祭：2月3日（毎年同日）
金閣寺・節分の不動堂開扉法要：2月3日（毎年同日）
冨田屋・節分の豆まき：2月3日（毎年同日）
天龍寺・七福神めぐり：2月3日（毎年同日）
上徳寺・世継地蔵尊大祭：2月8日（毎年同日）
虚空蔵法輪寺・針供養：2月8日（毎年同日）
山科区小山・二九：毎年2月9日
北野天満宮・梅苑公開：2月初旬〜3月中旬
伏見稲荷大社・初午大祭：2月初午の日
三千院・初午大根焚き法要：毎年2月の初午前後の4日間
城南宮・七草粥：2月11日（毎年同日）
小倉神社・鬼よけ弓神事：2月11日（毎年同日）
阿含宗・阿含の星まつり：毎年2月11日前後の日曜日
上賀茂神社・燃灯祭：毎年2月の第二子の日
城南宮・枝垂れ梅と椿まつり：2月18日〜3月22日（毎年同日）
八幡神社・厄神祭：2月19日（毎年同日）
冨田屋・伝統のお雛会：2月20日〜4月3日（毎年同日）
醍醐寺・五大力尊仁王会：2月23日（毎年同日）
積善院準提堂・五大力尊法要：2月23日（毎年同日）
上賀茂神社・幸在祭：2月24日（毎年同日）
北野天満宮・梅花祭：2月25日（毎年同日）

●3月

宝鏡寺・雛祭：雛祭：3月1日（毎年同日）
宝鏡寺・人形展：3月1日〜4月3日（毎年同日）
真如堂・涅槃会法要と涅槃図公開：3月1日〜31日（毎年同日）
嵯峨野トロッコ列車運転始動：3月1日〜12月29日
平等院・関白忌：3月2日（毎年同日）
下鴨神社・流し雛：3月3日（毎年同日）
市比賣神社・ひいなまつり：3月3日（毎年同日）
三十三間堂・春桃会（しゅんとうえ）：3月3日（毎年同日）
貴船神社・雨乞祭：毎年3月9日
保津川下り・川開き：3月10日〜11月30（毎年同日 運休日あり）
虚空蔵法輪寺・芸能上達祈願祭：3月10日（毎年同日）
しょうざん 光悦芸術村・梅見の宴：3月上旬
虚空蔵法輪寺・十三参り：3月13日〜5月13日（毎年同日）
泉涌寺・涅槃会：3月14日〜16日（毎年同日）
東福寺・涅槃会：3月14日〜16日（毎年同日）
涅槃会と嵯峨大念仏狂言とお松明式：3月15日（毎年同日）
清水寺・青龍会：3月14日〜15日（毎年同日）
平岡八幡宮・椿を愛でる会：3月中旬〜4月上旬
本法寺涅槃図公開：3月中旬〜4月中旬
フラワーパーク・菜の花畑開園：3月中旬〜4月下旬（過去の例）
大徳寺塔頭・大仙院・古渓忌：3月17日（毎年同日）
瑞光寺・元政上人忌と法華懺法会：3月18日（毎年同日）
泉涌寺即成院・彼岸法要：3月19日（毎年同日）
石清水八幡宮・男山桜まつり：3月春分日〜4月30日
大徳寺塔頭黄梅院・特別拝観：2022年は3月19日〜5月15日拝観休止日あり
誠心院・和泉式部忌〜和泉式部ゆかりの寺宝：3月21日（毎年同日）
千本釈迦堂・千本釈迦念仏：3月22日（毎年同日）
上七軒歌舞練場・北野をどり：毎年3月25日〜4月8日
京都大アンティークフェア：2022年は3月25日〜27日
随心院・はねず踊り：毎年3月の最終日曜日
金剛定期能・京都観世会例会：3月下旬
妙心寺退蔵院・春のお食事付き特別拝観：3月下旬〜4月上旬

太秦映画村・さくらまつり：3月下旬〜4月上旬
岡崎さくら・わかば回廊 十石舟めぐり：3月下旬〜4月上旬
二条城・桜まつり：3月下旬〜4月上旬
高瀬川四条・桜ライトアップ：3月下旬〜4月上旬
伏見名水スタンプラリー：3月下旬〜5月下旬
伏見・十石舟：3月下旬〜12月初旬

●4月

伏見稲荷大社・献花祭：4月1日（毎年同日）
平安神宮・観桜茶会：4月1日〜15日（毎年同日）
祇園甲部・都をどり：毎年4月1日〜4月30日
松尾大社・例祭：4月2日（毎年同日）
清水寺・青龍会：4月3日（毎年同日）
護王神社・護王大祭：4月4日（毎年同日）
清涼寺・嵯峨大念仏狂言：4月第1日曜日・第2土曜日・第2日曜日
若王子神社・桜花祭：毎年4月第1日曜日
毘沙門堂・観桜会：毎年4月8日に近い日曜日
霊山観音・釈尊降誕花まつり：4月8日（毎年同日）
大覚寺・華道祭：2022年は4月8日〜10日
松尾大社・山吹まつり：4月10日〜5月5日（毎年同日）
平野神社・桜花祭：4月10日（毎年同日）
宮川町歌舞練場・京おどり：4月上旬〜中旬
二条城・観桜茶会：4月上旬
平安神宮・紅しだれコンサート：4月上旬
京都さくらよさこい：4月上旬
城南宮・方除大祭：4月上旬
鞍馬寺・花供養（花会式）：4月上旬の日曜日〜15日間
京町家 冨田屋・西陣 町家の大将さん：4月上旬〜5月末日
白峯神宮・春季大祭：4月14日（毎年同日）
松尾大社・中酉（ちゅうゆう）祭：4月の酉の日
今宮神社、玄武神社、川上大神宮・やすらい祭：毎年4月第2日曜日
上賀茂神社・賀茂曲水宴：4月第2日曜日
京都地主神社・えんむすび祈願さくら祭：4月第2日曜日
醍醐寺・太閤花見行列：4月第2日曜日
常照寺・吉野太夫花供養：4月第2日曜日
御香宮神社・春の例祭：4月17日（毎年同日）
知恩院・御忌大会：4月18日〜25日（毎年同日）
清涼寺・御身拭式：4月19日（毎年同日）
伏見稲荷大社・稲荷祭（神幸祭）：4月20日に近い日曜日
大原女まつり：4月中旬〜5月中旬
建仁寺・四頭茶会：4月20日（毎年同日）
松尾大社・神幸祭：4月下旬
金剛定期能・京都観世会例会：4月下旬
三室戸寺・つつじ園 開園：4月下旬〜5月中旬
東寺・正御影供：4月21日（毎年同日）
知恩寺・法然上人御忌大会：4月23日〜25日（毎年同日）
上七軒歌舞練場・寿会：2022年は4月24日〜30日
吉祥院天満宮・春の六斎念仏踊り：4月25日（毎年同日）
城南宮・曲水の宴：4月29日（毎年同日）
稲荷大社御旅所・春の六斎念仏踊り：4月29日（毎年同日）
壬生寺・壬生狂言春の公開：4月29日〜5月5日（毎年同日）

●5月

先斗町・鴨川をどり：5月1日〜24日（毎年同日）
鴨川納涼床など・床開き：5月1日〜9月30日（毎年同日）
千本ゑんま堂・大念仏狂言：5月1日〜4日（毎年同日）
春の古書大即売会：5月1日〜5日（毎年同日）
藤森神社・藤森祭：5月1日〜5日（毎年同日）
宝福寺・御本尊御開帳：毎年5月第1日曜
狸谷山不動院・狸谷山大般若祈願会：5月3日（毎年同日）
二条城清流園・市民煎茶の会：2022年は5月3日、5月5日
伏見稲荷・還幸祭：5月3日（毎年同日）
下鴨神社・流鏑馬神事（やぶさめしんじ）：5月3日（毎年同日）
鷺森神社・鷺森神社宵宮：5月4日〜5日（毎年同日）

上賀茂神社、下鴨神社・斎王代 女人列御禊神事：5月4日～5日（毎年同日）
新熊野神社・新熊野祭：5月4日～5日（毎年同日）
八大神社・例祭・神幸祭：5月4日～5日（毎年同日）
下鴨神社・歩射神事：5月5日（毎年同日）
上賀茂神社・賀茂競馬：5月5日（毎年同日）
赤山禅院・泰山府君祭大護摩供：5月5日（毎年同日）
京都地主神社・地主祭：5月5日（毎年同日）
今宮神社・今宮祭 神幸祭：5月5日（毎年同日）
吉田神社・山蔭祭：5月8日（毎年同日）
新日吉神宮・新日吉祭：5月8日（毎年同日）
須賀神社・神幸祭：毎年5月の第2日曜日
菅大臣天満宮・菅大臣祭と狂言：5月第2土曜日、日曜日
安井金比羅宮・春季金比羅大祭：5月10日（毎年同日）
下鴨神社・御蔭祭：5月12日（毎年同日）
市比賣神社・春季大祭：5月13日（毎年同日）
大徳寺塔頭黄梅院・特別拝観：3月中旬～5月中旬
葵祭（京都三大祭）：5月15日（毎年同日）
大田神社～上賀茂神社・やすらい祭：5月15日（毎年同日）
松尾大社・還幸祭：5月15日（毎年同日）
車折神社・三船祭：5月15日（毎年同日）
鞍馬寺・五月満月祭：5月15日（毎年同日）
野宮神社、愛宕神社・嵯峨祭：毎年5月の第3日曜日が神幸祭、第4日曜日が環幸祭
上賀茂神社・献茶祭：5月17日（毎年同日）
上御霊神社・御霊祭渡御の儀：5月18日（毎年同日）
御香宮神社・伏見義民祭：5月18日（毎年同日）
西本願寺・親鸞聖人降誕会：5月20日 能の奉納：21日日（毎年同日）
養源院・大般若経会：5月21日（毎年同日）
下御霊神社・下御霊祭還幸祭：毎年5月の第3日曜日または第4日曜
金剛定期能：5月下旬
法輪寺電電宮大祭：5月23日（毎年同日）
十輪寺・業平忌：5月28日（毎年同日）
三千院・御懺法講：5月30日（毎年同日）

◉6月

貴船神社・貴船祭：6月1日（毎年同日）
北野天満宮・雷除大祭：6月1日（毎年同日）
平安神宮・京都薪能：6月1日～2日（毎年同日）
車折神社・茅の輪くぐり：6月1日～30日（毎年同じ日程）
しょうざんリゾート京都・華しょうぶの会：6月上旬～中旬
三室戸寺・アジサイ園の公開：6月上旬～7月上旬
藤森神社・あじさい苑の公開：6月上旬～7月上旬
建仁寺両足院・半夏生の庭園 特別公開：6月上旬～7月上旬
冨田屋・夏のしつらえ～町家の衣替え～：6月上旬～9月下旬
建仁寺・開山忌：6月5日（毎年同日）
県神社・県祭：6月5～6日（毎年同日）
祇園白川、巽橋・祇園放生会：毎年6月第1日曜日.
県神社・大幣神事：6月8日（毎年同日）
北野天満宮・宮渡祭：6月9日（毎年同日）
上賀茂神社・御田植神事：6月10日（毎年同日）
北野天満宮・青柏祭：6月10日（毎年同日）
伏見稲荷大社・田植祭：6月10日（毎年同日）
嵐山中ノ島公園・若鮎祭：6月第2木曜日
三千院・あじさい：毎年6月中旬から7月上旬
八坂神社・神楽奉納奉告祭：6月14日（毎年同日）
八坂神社・例祭：6月15日（毎年同日）
東寺・弘法大師御誕生会：6月15日（毎年同日）
智積院・青葉まつり：6月15日（毎年同日）
東林院・花供養とお香を聞く会：6月15日（毎年同日）
東林院・沙羅の花を愛でる会：6月15～30日（毎年同日）
十輪寺・声明と三弦を聞く会：6月第3日曜日
藤森神社・けまり奉納：毎年6月第3日曜日
鞍馬寺・竹伐り会式：6月20日（毎年同日）
野宮神社・茅の輪くぐり：6月下旬
京都パルスプラザ京都大アンティークフェア：6月下旬

京都五花街合同伝統芸能特別公演：6月下旬
金剛定期能・京都観世会例会：6月下旬
天得院・桔梗を愛でる特別公開：6月下旬～7月下旬
北野天満宮・大茅の輪の取り付け：6月24日（毎年同日）
北野天満宮・大茅の輪くぐり：6月25日（毎年同日）
城南宮・茅の輪くぐり 人形流し：6月25日～30日（毎年同日）
貴船神社・茅の輪くぐり：6月25日～30日（毎年同日）
市内各神社・夏越祓：6月25日～30日

●7月

祇園祭・吉符入り：7月1日～5日（毎年同日）
長刀鉾町・お千度：7月1日（毎年同日）
上賀茂神社・御戸代会能：7月1日（毎年同日）
城南宮・愛車の茅の輪くぐり：7月1日～7日（毎年同日）
貴船神社・七夕笹飾りライトアップ：7月1日～8月15日（毎年同日）
嵐山の鵜飼：7月1日～9月23日（毎年同日）
宇治川・鵜飼：7月1日～9月30日
祇園祭くじ取り式：7月2日（毎年同日）
高台寺・七夕会：7月上旬
貴船神社・貴船の水まつり：7月7日（毎年同日）
京都地主神社・七夕祭：7月7日（毎年同日）
白峯神宮・精大明神例祭：7月7日（毎年同日）
冨田屋・縁結び 西陣町家の七夕祭：7月1日～7日（毎年同日）
千本ゑんま堂・風祭り：7月1日～15日（毎年同日）
千本釈迦堂・陶器供養と陶器市：7月9日～12日（毎年同日）
三室戸寺・ハス酒を楽しむ会：7上旬～中旬
京の夏の旅キャンペーン：7月上旬～9月下旬
法金剛院・観蓮会：7月2週目から3週間ほど
祇園祭・前祭 山鉾建：7月10日～14日（毎年同日）
祇園祭・お迎え提灯：7月10日（毎年同日）
祇園祭・神輿洗：7月10日（毎年同日）
京都観世会館・夏の素謡と仕舞の会：7月中旬
祇園祭・前祭の鉾曳き初め：7月12日～13日（毎年同日）
祇園祭・稚児社参：7月13日（毎年同日）
祇園祭・久世駒形稚児社参：7月13日（毎年同日）
祇園祭・前祭宵山：7月14日～16日（毎年同日）
祇園祭・前祭の屏風祭：7月14日～16日（毎年同日）
八坂神社・祇園祭 伝統芸能奉納：7月15日（毎年同日）
高台寺・夏の特別展 百鬼夜行：7月15日～8月31日（毎年同日）
八坂神社・献茶祭：7月16日（毎年同日）
祇園祭・石見神楽の奉納：7月16日（毎年同日）
祇園祭・日和神楽：7月16日（毎年同日）
祇園祭・山鉾巡行（前祭巡行）：7月17日（毎年同日）
祇園祭・神幸祭：7月17日（毎年同日）
松尾大社・御田祭：7月17日（毎年同日）
祇園祭・後祭 山鉾建：7月18～21日（毎年同日）
下鴨神社・御手洗祭：土用丑の日前後の5日間
城南宮・例祭（お涼み）：7月21日（毎年同日）
祇園祭・後祭の鉾曳き初め：7月20日～21日（毎年同日）
祇園祭・後祭宵山：7月21日～23日（毎年同日）
神光院・きゅうり封じ：7月の土用の丑の日前後2日間
五智山蓮華寺・きゅうり封じ：7月の土用の丑の日前後2日間
祇園祭・琵琶の奉納：7月23日（毎年同日）
祇園祭・煎茶献茶祭：7月23日（毎年同日）
伏見稲荷大社・本宮祭（宵宮祭）：7月23～24日（毎年同日）
三宝寺・ほうろく灸祈祷：7月23日（毎年同日）
祇園祭・山鉾巡行（後祭巡行）：7月24日（毎年同日）
祇園祭・花傘巡行：7月24日（毎年同日）
祇園祭・還幸祭：7月24日（毎年同日）
長建寺・辯天祭：7月24日（毎年同日）
真如堂・寺宝虫払会：7月25日（毎年同日）
安楽寺・鹿ヶ谷かぼちゃ供養：7月25日（毎年同日）
祇園祭・狂言奉納：7月25日（毎年同日）
金剛家 能面・能装束展：7月下旬
狸谷山不動院・千日詣り火渡り祭：7月28日（毎年同日）

祇園祭・神輿洗：7月28日（毎年同日）
祇園祭・神事済奉告祭：7月29日（毎年同日）
愛宕神社・千日詣り：7月31日（毎年同日）
御香宮神社・茅の輪神事：7月31日（毎年同日）
祇園祭・夏越祭：7月31日（毎年同日）

◉8月

祇園花街・八朔：8月1日（毎年同日）
清水寺・清水寺盂蘭盆早朝法話：8月1日～5日（毎年同日）
高台寺・夜の特別拝観：8月1日～18日（毎年同日）
醍醐寺・醍醐山万灯会：8月5日（毎年同日）
高台寺・浴衣の茶会：8月上旬～中旬の金・土・日曜日要予約
京の七夕：8月上旬～下旬 旧暦の七夕にあたる8月
下鴨神社・夏越神事：立秋の前夜
五条坂一帯・陶器まつり：8月7日～10日（毎年同日）
六道珍皇寺・六道まいり：8月7日～10日（毎年同日）
千本ゑんま堂・お精霊お迎え：8月7日～15日（毎年同日）
六波羅蜜寺・万灯会：精霊迎え8月8日～10日 精霊送り：8月16日（毎年同日）
千本釈迦堂・精霊迎えと六道まいり：精霊迎え8月8日～12日
壬生寺・壬生六斎念仏：8月9日（毎年同日）
壬生寺・万灯会：精霊迎え9日～10日 精霊送り16日（毎年同日）
清水寺・千日詣 宵まいり：内々陣拝観8月9日～16日（毎年同日）
納涼古本まつり：8月11日～16日（毎年同日）
三千院・万灯会：8月12日（毎年同日）
東大谷祖廟・東大谷万灯会：8月14日～16日（毎年同日）
車折神社・万灯祭：8月14日～16日（毎年同日）
千本ゑんま堂・千本六斎念仏：8月14日（毎年同日）
花背八桝町・花背松上げ：毎年8月15日
涌泉寺・松ヶ崎題目踊り：8月15日～16日（毎年同日）
五山送り火：8月16日（毎年同日）
矢田寺・送り鐘：8月1日5～16日（毎年同日）
西方寺・六斎念仏：8月16日（毎年同日）
遍照寺・広沢池灯籠流し：8月16日（毎年同日）
渡月橋畔・嵐山灯篭流し：8月16（毎年同日）
中堂寺・六斎念仏：8月16日（毎年同日）
金閣寺・不動堂開扉法要：8月16日（毎年同日）
千本ゑんま堂・お見送り：8月16日（毎年同日）
金剛能楽堂・大文字送り火能「蝋燭能」：8月16日（毎年同日）
楊谷寺・千日まいり：8月17日（毎年同日）
上御霊神社・例大祭、小山郷六斎念仏：8月18日（毎年同日）
大井神社・花まつり：8月19日（毎年同日）
大覚寺・宵弘法：8月20日（毎年同日）
右京区・小塩の上げ松：毎年8月23日に最も近い土曜日
上善寺・小山郷六斎念仏：8月22日（毎年同日）
六地蔵めぐり：8月22日～23日（毎年同日）
上鳥羽六斎念仏：8月22日（毎年同日）
阿弥陀寺・嵯峨野六斎念仏：8月23日（毎年同日）
雲ヶ畑松上げ：8月24日（毎年同日）
広河原松上げ：8月24日（毎年同日）
久多花笠踊り：8月24日（毎年同日）
夏季大祭・吉祥院六斎念仏：8月25日（毎年同日）
冨田屋・アンティーク着物展：8月下旬
各町内・大日さん：8月下旬
梅宮大社梅津六斎念仏：毎年8月最終日曜日
京都観世会館・例会：8月下旬
化野念仏寺・千灯供養とあたご古道街道灯し：8月最終土曜、日曜日
八朔祭法楽会・久世六斎念仏：8月31日（毎年同日）

◉9月

伏見稲荷大社・交通安全祈願祭：9月1日（毎年同日）
比叡山延暦寺西塔・椿堂 特別御開扉：2022年9月3日～12月4日
松尾大社・八朔祭：毎年9月の第一日曜日
上賀茂神社・上賀茂紅葉音頭大踊り：重陽の節句（9月9日）前後の土曜
高台寺・観月茶会：9月の金・土・日曜日

上賀茂神社・重陽の行事と烏相撲：9月9日（毎年同日）
車折神社・重陽祭：9月9日（毎年同日）
虚空蔵法輪寺・重陽の節会：9月9日（毎年同日）
冨田屋・重陽の節句：9月9日～10月9日（毎年同日）
フラワーパーク・コスモス園開園：9月上旬～10月中旬
市内各寺社・中秋の名月：仲秋の名月の日
赤山禅院・へちま加持：仲秋の名月の日
大原野神社・御田刈祭・相撲神事：毎年9月の第2日曜日
安井金比羅宮・櫛まつり：毎年9月の第4月曜日
三宅八幡・例大祭（放生会）：9月14日～16日（毎年同日）
清水寺・観音加持青龍会：9月14日～15日（毎年同日）
鞍馬寺・義経祭：9月15日（毎年同日）
石清水八幡宮・石清水祭：9月15日（毎年同日）
本能寺・放生会：9月15日（毎年同日）
離宮八幡宮・放生会：9月15日（毎年同日）
宗像神社・神賑わいの祭：9月15日（毎年同日）
京都の秋・音楽祭：9月中旬～11月下旬
豊国神社・例大祭：9月18日～19日（毎年同日）
神苑の無料公開：9月19日（毎年同日）
養源院・大般若経会：9月21日（毎年同日）
今熊野観音寺・お砂踏法要：9月21日～23日（毎年同日）
白峯神宮・上京薪能：9月秋分の日
御香宮神社・御香宮神能：9月第3土曜日
晴明神社・例祭：毎年秋分の日前夜と秋分の日
泉涌寺即成院・彼岸法要：9月22日（毎年同日）
木屋町・高瀬川舟まつり：毎年秋分の日
梨木神社・萩まつり：第3または第4日曜日前後3日間
平安神宮・煎茶献茶祭：毎年9月の最終日曜日
金剛能楽堂・金剛定期能：9月下旬
京都観世会館・例会：9月下旬
道祖神社・神幸祭：9月下旬

◉10月

秋季金比羅大祭：10月1～体育の日（毎年同日）
ずいき祭・神幸祭：10月1日（毎年同日）
ずいき祭・献茶祭：10月2日（毎年同日）
ずいき祭・甲御供奉饌：10月3日（毎年同日）
ずいき祭・還幸祭：10月4日（毎年同日）
ずいき祭・后宴祭：10月5日（毎年同日）
祇園甲部・温習会：10月上旬
御香宮神社・神幸祭：10月上旬
宇治橋周辺宇治茶まつり：毎年10月上旬
今宮神社例大祭・前夜祭：10月8～9日（毎年同日）
伏見稲荷大社・講員大祭：毎年体育の日の前々日と前日
玉田神社・神幸祭：10月中旬
西院春日神社・春日祭：毎年10月第2土曜日・日曜日
粟田神社・大祭：体育の日の前々日・前日・当日・15日
西本願寺・献菊展：10月上旬～11月下旬
泉涌寺・献菊展：10月上旬～11月下旬
下鴨神社・えと祈願祭（繁昌大国秋祭）：10月第3日曜日
平岡八幡宮・例祭：毎年10月第2日曜日
法住寺・今様歌合せの会：10月第2日曜日
平安神宮前・京都学生祭典本祭：10月中旬
秋元神社・赦免地踊り：10月の第2日曜日
梨木神社・例祭：10月10日（毎年同日）
大徳寺本坊、高桐院・曝涼展：毎年10月第2日曜日
宮川町歌舞練場・みずゑ会：10月中旬
日吉神社・矢代の田楽：10月中旬
妙心寺東林院・梵燈のあかりに親しむ会：10月中旬
先斗町歌舞練場・水明会：10月中旬～下旬
嵯峨野トロッコ列車・秋のライトアップ：10月中旬～12月
山国神社・さきがけフェスタ：毎年10月の第2日曜日
宝鏡寺・人形供養：10月14日（毎年同日）
真如堂・引声阿弥陀経会：10月14日～16日（毎年同日）
日向大神宮・例大祭：外宮祭10月16日 人長舞10月17日（毎年同日）

泉涌寺即成院・二十五菩薩お練供養：毎年10月第3日曜日
城南宮・神幸祭：毎年10月第3日曜日
上賀茂神社・笠懸神事：毎年10月の第3日曜日
平安神宮・神嘗奉祝祭併茶壷奉献祭：10月17日(毎年同日)
野宮神社・斎宮行列：毎年10月第3日曜日
建勲神社・船岡大祭：10月19日(毎年同日)
平安神宮・孝明天皇御鎮座記念祭：10月19日(毎年同日)
恵美須神社・二十日ゑびす：10月19日～20日(毎年同日)
府立植物園・菊花展：10月20日～11月15日(毎年同日)
建仁寺禅居庵・大祭：10月20日(毎年同日)
清水焼の郷まつり：毎年10月の第3金曜日から3日間
時代祭：10月22日(毎年同日)
鞍馬の火祭：10月22日(毎年同日)
吉田神社神楽岡社・神幸祭：10月第4日曜日
鍬山神社・亀岡祭：10月23日～25日(毎年同日)
青蓮院・秋期大法要 熾盛光法(しじょうこうぼう)：10月下旬
金剛能楽堂、京都観世会館・定期能：10月下旬
比叡山延暦寺・比叡のもみじ：10月下旬～11月下旬
知恩寺・秋の古本まつり：10月下旬～11月上旬
二条城・二条城まつり：10月下旬～12月中旬
伏見稲荷大社・抜穂祭：10月25日(毎年同日)
六勝稲荷神社・秋季大祭：10月26日(毎年同日)
北野天満宮・余香祭：10月29日(毎年同日)

●11月

護王神社・亥子祭：11月1日(毎年同日)
祇園甲部・祇園をどり：11月1日～10日(毎年同日)
大覚寺・嵯峨菊展：11月1日～30日(毎年同日)
赤山禅院・もみじ祭：毎年11月1日～30日
狸谷不動尊・秋祭：11月3日(毎年同日)
城南宮・曲水の宴：11月3日(毎年同日)
真如堂・十日十夜別時念仏会：11月5日～15日(毎年同日)
神泉苑・大念仏狂言：11月5日～7日(毎年同日)
貴船神社・御火焚祭：11月7日(毎年同日)
伏見稲荷大社・火焚祭：11月8日(毎年同日)
祇園白川・かにかくに祭：11月8日(毎年同日)
京都霊山護國神社他・龍馬よさこい：11月上旬～14日
創作木工芸 酢屋・龍馬追悼展：11月上旬～下旬
松尾大社・上卯祭：毎年11月上の卯の日
清凉寺・夕霧祭：毎年11月の第2日曜日
虚空蔵法輪寺・うるし祭：11月13日(毎年同日)
嵐山もみじ祭：毎年11月の第2日曜日
空也堂(光勝寺極楽院)・空也開山忌：毎年11月の第2日曜日
新日吉神宮・火焚祭：11月14日(毎年同日)
法住寺・大護摩供：11月15日(毎年同日)
御香宮神社・御火焚祭：11月15日(毎年同日)
霊山護国神社・龍馬祭：11月15日(毎年同日)
京都ゑびす神社・火焚祭：11月16日(毎年同日)
城南宮・火焚祭：11月20日(毎年同日)
東本願寺・報恩講：11月21～28日(毎年同日)
東福寺～泉涌寺・窯元もみじ祭(大陶器市)：11月中旬～下旬
金剛定期能、京都観世会例会：11月下旬
水尾・柚子風呂：(最盛期)11月下旬～12月
広隆寺・聖徳太子御火焚祭：11月20日(毎年同日)
京都地主神社・もみじ祭：11月23日(毎年同日)
十輪寺・塩竈祭：11月23日(毎年同日)
東福寺正覚庵・筆供養：11月23日(毎年同日)
平安神宮・献菓展：11月23～25日(毎年同日)
北野天満宮・御茶壺奉献祭：11月26日(毎年同日)

●12月

北野天満宮・献茶祭：12月1日(毎年同日)
南禅寺・除夜の鐘 整理券の配布：12月1日～(毎年同日)
京都地主神社・しまい大国祭：12月第一日曜日

禅宗各本山・臘八会：12月1日～8日（毎年同日）
千本釈迦堂・成道会法要と大根だき：12月7日～8日（毎年同日）
虚空蔵法輪寺・針供養：12月8日（毎年同日）
了徳寺・鳴滝の大根だき：12月9日～10日（毎年同日）
安井金比羅宮・しまい金比羅：12月10日（毎年同日）
醍醐寺・除夜の鐘予約受付：12月10日～（毎年同日）
南座・吉例顔見世興行：12月上旬～下旬
保津川下り・冬期お座敷暖房船運行：12月上旬～3月初旬
祇園・事始め：12月13（毎年同日）
北野天満宮・大福梅の授与：12月13日～12月下旬
瑞光院、大石神社、岩屋寺・義士まつり：12月14日（毎年同日）
法住寺・義士会法要：12月14日（毎年同日）
京都市京セラ美術館・日展（京都展）：12月中旬～1月中旬
一言寺金剛王院・観音供：12月18日（毎年同日）
六波羅蜜寺・かくれ念仏：12月13日～31日31日は非公開日（毎年同日）
金剛能楽堂、京都観世会館・定期能：12月下旬
京都市交響楽団 特別演奏会「第9コンサート」：12月下旬
東、西両本願寺・煤払い：12月20日（毎年同日）
東寺・終い弘法：12月21日（毎年同日）
不思議不動院・南瓜大師供養：毎年12月の冬至の日
矢田寺・かぼちゃ供養：12月23日（毎年同日）
新熊野神社・綱掛祭：12月23日（毎年同日）
六阿弥陀巡り：12月24日（毎年同日）
北野天満宮・終い天神：12月25日（毎年同日）
知恩院・御身拭式：12月25日（毎年同日）
清水寺・除夜の鐘予約受付：12月25日～（毎年同日）
狸谷山不動院・しまい不動：12月28日（毎年同日）
八坂神社・鑽火式：12月28日（毎年同日）
八坂神社 をけら詣り：12月31日（毎年同日）
北野天満宮・火之御子社鑽火祭：12月31日（毎年同日）

筆者推奨の参加可能な祭・行事

ここで言う「参加可能な祭・行事」とは「祭事において、本来、全面的に主催者側が行うべき儀式や作業の一部を観光客などの一般の人々にも担わせる（或いは担わせてもらえる）祭りや行事」のことを指します。

そして「参加に当たり特別な費用などは徴収されない」ことも条件になります。

現実には、こうした祭事はたいへん少ないのですが、筆者が実際に参加したことのある当該祭事は以下の通りです。

●安井金比羅宮・春季金比羅大祭：5月10日（毎年同日）
この一年間奉納された護摩木を神職だけでなく、居合わせた参拝者達も、燃え盛る「護摩壇」に投入させてもらえる。
●祇園祭・前祭の鉾曳き初め：7月12～13日（毎年同日）
その場に居合わせた人達も、組み立てられ完成した山鉾の「走行テスト」に参加することができる。
●祇園祭・後祭の鉾曳き初め：7月20～21日（毎年同日）
その場に居合わせた人達も、組み立てられ完成した山鉾の「走行テスト」に参加することができる。
●本能寺・放生会：9月15日（毎年同日）
鮮魚商などから寄進された生魚を法要の際、鴨川に放流させてもらえる。参加記念品がいただける（要予約・無料）
●新熊野神社・綱掛祭：12月23日（毎年同日）
「後白河法皇」お手植えの大樟（クス）の木に巻かれた大シメ縄の一年一度の取り換え作業を居合わせた参拝者と氏子が行う。

テイスティ 高橋（ていすてぃ・たかはし）
●プチ移住体現ライター・随筆家
●ＮＰＯ法人「京都観光文化を考える会・都草」会員
●全国・神奈川・横浜、各「歴史研究会」会員
現在70歳。サラリーマン退職後、平均的年金収入で、2013年より京都にワンルームを借り、月２週間弱を京都で過ごし、名所旧跡・祭・行事などのレポート をSNSで限定公開。ワンルームの家賃は、８年前の入居時から変わらず、水道料込月２万３千円。バス・トイレ、ＩＨキッチン・エアコン・小型冷蔵庫付き。

プチ移住《いじゅう》

月《つき》２万円《まんえん》で手《て》に入《はい》る in 京都《きょうと》

2023年2月19日　初版第１刷

著者　テイスティ 高橋《たかはし》
発行人　松崎義行
発行　みらいパブリッシング
〒166-0003 東京都杉並区高円寺南 4-26-12 福丸ビル 6F
TEL 03-5913-8611　FAX 03-5913-8011
https://miraipub.jp　mail：info@miraipub.jp
編集　弘保悠湖
ブックデザイン　則武 弥（paperback Inc.）
カバーイラスト　イマイエ
発売　星雲社（共同出版社・流通責任出版社）
〒112-0005 東京都文京区水道 1-3-30
TEL 03-3868-3275　FAX 03-3868-6588
印刷・製本　株式会社上野印刷所

ISBN978-4-434-31459-9 C2077